中国科普作家协会国防科普委员会推荐图书

中国船舶及海洋工程设计研究院
上海市船舶与海洋工程学会
上海交通大学

航空母舰

王建方　王　庆

上海科学技术出版社

图书在版编目(CIP)数据

航空母舰 / 中国船舶及海洋工程设计研究院，上海市船舶与海洋工程学会，上海交通大学主编，王建方，王庆编著. —上海：上海科学技术出版社，2018.9（2022.7重印）
（国之重器：舰船科普丛书）
ISBN 978-7-5478-4110-5

Ⅰ.①航… Ⅱ.①王… Ⅲ.①航空母舰–世界–青少年读物 Ⅳ.①E925.671–49

中国版本图书馆CIP数据核字 (2018) 第156432号

舰船科普丛书

航空母舰

中国船舶及海洋工程设计研究院
上海市船舶与海洋工程学会 **主编**
上海交通大学

王建方 王庆 **编著**

上海世纪出版（集团）有限公司
上海科学技术出版社 出版、发行
（上海市闵行区号景路159弄A座9F-10F）
邮政编码 201101 www.sstp.cn
永清县晔盛亚胶印有限公司印刷
开本 787×1092 1/16 印张 15.75 插页 4
字数 300千字
2018年9月第1版 2022年7月第4次印刷
ISBN 978-7-5478-4110-5 / N·155
定价：80.00元

内容提要

航空母舰（简称“航母”）是一种以舰载机为主要作战武器的大型水面舰船，是现代海军不可或缺的尖兵利器，也是一个国家综合国力的象征。

本书将从多个方面、多个角度图文并茂地向广大读者介绍各国航母近百年的发展史及航母家族中的“典范”，生动形象地描绘航母主体构造、关键系统以及航母的亲密伙伴——舰载机，充分展示中国航母的强国之路，与读者一起畅想航母的未来，激励广大青少年朋友奋发图强，投身到航母建设事业中，放飞青春的梦想。

国之重器——舰船科普丛书

编委会

国之重器——舰船科普丛书

专家委员会

国之重器 —— 舰船科普丛书

编辑部

主　编

张　毅

编写人员（以姓氏笔画为序）

于再红　卫琛喻　王　庆　王　建　王　莉
王建方　韦　强　曲宁宁　任　毅　刘积骅
祁　斌　牟朝纲　牟蕾频　杨　添　李　成
李刚强　李招凤　吴贻欣　邱伟强　张宗科
张富明　林伍雄　范永鹏　尚亚杰　尚保国
罗杏春　单铁兵　赵吉庆　段雪琼　俞　赟
施　璟　洪　亮　姚　亮　贺慧琼　秦　硕
徐春阳　唐　尧　陶新华　黄小燕　曹大秋
曹才铁　曹永恒　梁东伟　韩　龙　虞民毅
魏跃峰

总序

海洋之美，浩瀚、静谧、神秘。人类生存的地球表面71%覆盖着海洋，陆地被海洋包围着，仿若不沉之“舟”。

中华人民共和国，既是一个拥有960万平方千米陆地疆域的陆地大国，也是一个东部和南部大陆海岸线约1.8万千米、内海和边海的水域面积约470万平方千米、海域分布有大小岛屿7 600多个的海洋大国。提高海洋资源开发能力、发展海洋经济、保护海洋生态环境、坚持维护国家海洋权益、建设海洋强国，事关国家安全和长远发展，也对实现中华民族伟大复兴的中国梦具有十分重要的战略意义。

工欲善其事，必先利其器。经略海洋，装备当先。只有拥有强大的海洋装备作支撑，才能形成强大的海上力量，才能保障安全可靠的海上能源和贸易通道，才能拥有海洋权益的话语权。能犁开万顷碧波的舰船，正是建设海洋强国的“国之重器”。

经过几代中国舰船人的努力，我们取得了骄人的成绩。第一艘航母已交接入列，第二艘航母又下水海试；新型弹道导弹核潜艇受到世界各国的关注；“滨州”号护卫舰、“昆仑山”号船坞登陆舰等在亚丁湾为过往船只保驾护航；“临沂”号护卫舰参与也门撤侨，彰显大国担当；“和平方舟”号医院船多次赴海外开展医疗服务和救灾援助；自主设计制造的20 000箱超大型集装箱船助力中欧航线的运输；“天鲲”号绞吸挖泥船向世界展示什么叫作历练终成金；“雪龙2”号科考船即将承载起极地探索的使命……

这一个个令人振奋的消息背后，是“国之重器”建设大军只争朝夕、锐意进取、拼搏奋斗、攻坚克难的身影。“功以才成，业由才广”，世上一切事物中人是最宝贵的，一切创新成果都是人做出来的。硬实力、软实力，归根到底要靠人才实力。科技发展史证明：谁拥有了一流创新人才、拥有了一流科学家，谁就能在科技创新中占据优势。

在中国建设海洋强国的道路上，“国之重器”建设大军的每一个岗位都必须后继有

人，有人传承，有人接班！

少年强则中国强。为增强青少年的海洋和国防意识，普及舰船和海洋工程科学知识，我们编撰了一部以青少年为主要对象、面向公众的科普读物“国之重器——舰船科普丛书”（简称“丛书”）。丛书以舰船为主线，全面展现新中国成立近70年以来，自主研制国之重器的艰难历程及取得的辉煌成就，使广大青少年从中汲取知识、增长才干、坚定信念、强化担当。

这套丛书共20分册，涵盖海洋防卫、海洋运输、海洋科考、海洋开发等方面，包括：海上霸主——航空母舰、深海巨鲨——潜艇、海上科学城——航天测量船、探究海洋奥秘的科学考察船、造船工业皇冠上的明珠——液化气运输船、海上巨无霸——集装箱船、超大型油船、造岛神器——大型挖泥船、海上石油城——钻井平台等。

丛书由从事舰船和海洋工程科研、设计、建造的100余位专家、技术骨干和青年科技工作者执笔，并经30余位专家审阅，历时2年编写而成。

当代青少年和公众涉猎面广，超前意识和多维立体思维能力强，具有令人刮目相看的理解能力。丛书撰写者充分考虑到青少年和公众读者的阅读要求，量身定制、兼收并蓄，将舰船知识图谱化，采用重点讲解、型号示例等方法，使专业知识通俗易懂，增强了丛书的可读性。

博览众采，传承知识。丛书通过科学的体例设置，涵盖军用舰船、民用船舶和海工装备的相关知识，体系庞大而有序，知识通俗而有内涵，突出展现了丛书内容的鲜明特色，使广大青少年读者一书在手，舰船在胸。

—— 图谱化的舰船知识。丛书坚持知识性与趣味性相结合，以图文并茂的形式对一些典型舰船进行集中讲解，以便让读者掌握舰船的特点。

—— 通俗化的专业知识。丛书坚持专业性与通俗性的有机结合，用朴实的篇章构建舰船知识链，用易懂的语言精准描述舰船的工作原理、性能特点。

—— 人文化的历史知识。丛书追溯舰船诞生的起点，展望舰船发展的未来，彰显舰

船历史的人文特色，描绘出一幅幅人类设计建造舰船、塑造海洋文明的生动画卷。

拓展视野，启迪心智。丛书以舰船为载体，为广大青少年读者打开了世界舰船知识之门、中国舰船科技之窗，让读者驾驶生命之船，扬起思想风帆。

—— 认清大势，强化理念。丛书以舰船为媒，引导读者正确认识世界和中国。半个多世纪风雨兼程，中国船舶装备在变，舰船航迹在变，唯有“国之重器”建设者们“忠于党、忠于人民、忠于国家”的初心不改，信仰不变，继续弘扬突破自我、敢为人先的工匠精神，锲而不舍，发愤图强，国家利益所至，科技创新必达！

—— 明确主题，播种梦想。丛书以中国舰船制造励精图治、自力更生、发奋图强、勇创辉煌的历史红线，为每个青少年播种梦想、点燃梦想，让更多青少年敢于有梦、勇于追梦、勤于圆梦。

激扬青春，陶冶情操。理想指引人生方向，信念决定事业成败。丛书倾诉舰船昨天之历史故事，弹奏舰船今天之恢弘篇章，高歌舰船明日之瑰丽远景。

—— 弘扬爱国主义精神。丛书立足民族、面向世界，旨在激发广大读者的爱国情怀；以科学的视角，生动介绍了新中国成立以来我国舰船及海洋工程研制所取得的成就，讲述一代又一代科技人员怀着深厚的爱国情怀，为中国舰船事业发展所作的贡献。

—— 倡导奋进创新思想。丛书用世界舰船的历史史实启发读者认知：创新是民族进步的灵魂，是一个国家兴旺发达的不竭源泉。广大青少年读者应敢为人先，勇于解放思想、与时俱进，敢于上下求索、开拓进取，树立雄心壮志，努力超越前人。

—— 激励艰苦奋斗精神。丛书用中国舰船的历史史实引领读者感悟，我们的国家、我们的民族，从积贫积弱一步一步走到今天的繁荣富强，靠的就是一代又一代人的顽强拼搏，靠的就是中华民族自强不息的奋斗精神。

2016年5月30日，习近平总书记在全国科技创新大会、两院院士大会、中国科协第九次全国代表大会上的讲话指出：科技创新、科学普及是实现创新发展的两翼，要把科学普及放在与科技创新同等重要的位置。希望广大科技工作者以提高全民科学素质为己任，在

全社会推动形成讲科学、爱科学、学科学、用科学的良好氛围，使蕴藏在亿万人民中间的创新智慧充分释放、创新力量充分涌流。“国之重器——舰船科普丛书”正是习近平新时代中国特色社会主义思想的生动实践。

愿：“国之重器——舰船科普丛书”构建一座智慧的熔炉，锻造中国青少年威武铁甲！

愿：“国之重器——舰船科普丛书”筑起一个知识的平台，助力中国青少年纵横海疆！

愿：“国之重器——舰船科普丛书”插上一双理想的翅膀，引领中国青少年翱翔海天！

曾恒一　潘镜芙

中国工程院院士

2018年8月

前言

中国梦，我们在奋进的征程上。

航母梦，我们在劈波的航程中。

航空母舰诞生于20世纪初，如今已有百年的历史，它的诞生是军事思想的一大革新，也是海军装备发展史上的重要里程碑。

航空母舰，海上巨无霸，国家之重器。

航空母舰（简称航母）是以舰载机为主要作战武器，并作为其海上活动基地的大型水面战斗舰艇。通常以一艘或多艘航母为核心，与巡洋舰、驱逐舰、护卫舰、潜艇等护航兵力和海上补给舰船组成航母战斗群（又称航母编队），执行作战任务，主要用于攻击敌方水面舰艇、潜艇和大中型勤务舰船，袭击基地、港口设施和陆上目标，夺取作战海区的制空权和制海权，支援登陆和抗登陆作战等。

航空母舰，既是现代战争的产物，也是现代高新科技发展的必然，既是一个国家综合国力的象征，也是现代海军不可或缺的尖兵利器，是海军建设发展史上重要的里程碑。航母攻击威力大，搭载舰载机，携带数百至数千吨弹药，是海上机动编队的主要突击力量；航母航海性能好，具有全天候、全球海洋适航能力；航母防护性能强，重要部位有局部装甲，水线以下主船体防护坚固，能承受较大的爆炸力。世界上还从未有像航母这样的一种装备，能够把进攻与防御如此紧密地融合在一起，成为海空一体、纵深攻防的海上利器。

中国作为航母新起之秀，在实现航母梦的过程中，走过了一条充满曲折坎坷的发展之路，多少风霜雨雪，多少艰难困苦，以前只有那些航母践行者才能有所体验，今将通过此书传递给青少年读者，使他们铭记历史，珍惜当下，开创未来。

《航空母舰》是一本全面系统、形象直观、通俗易懂地介绍航母知识的科普书籍。

它以航母建设发展近百年的历史为纵轴，梳理呈现航母的过去、现在和未来；以航母的专业知识和武器装备知识为横轴，写实素描航母的主体构造、关键系统以及航母的“亲密伙伴”——舰载机；以世界各国主要的航母战舰为重点，典范剖析航母的功能、作用和地位。希望本书能开阔广大读者的视野，拓宽航母的知识面，启迪心智、树立志向，促进青少年的健康成长。

《航空母舰》，使广大青少年读者透过历史的放大镜，认清苦难与辉煌、荣辱与胜败。

《航空母舰》，使广大青少年读者运用知识的显微镜，认知科技的力量、重器的威能。

《航空母舰》，使广大青少年读者拿起探索的望远镜，展望航母的发展趋势、航迹蓝图。

乘风破浪会有时，直挂云帆济沧海。

志存高远强担当，躬身践行铸重器。

编　者

2018年8月

目 录

第4章 奋起追逐、梦想成真——中国航母的发展 / 57

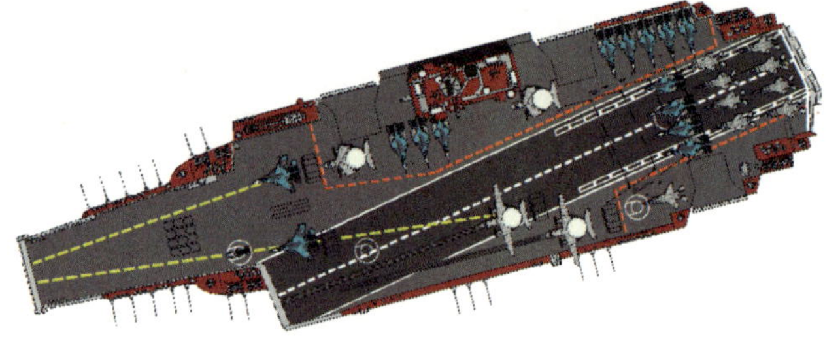

第5章 航母分类、任务与特点 / 99

第6章 现代航母的主体构造 / 121

第1章

威风凛凛的海上霸主

——航空母舰的定义

20世纪初叶，正当战列舰在海上称雄称霸、不可一世时，一种新型的搭载飞机并利用飞机进行作战的战舰在不知不觉间登上了历史舞台。与在第一次世界大战（简称“一战”）中的小试牛刀相比，在第二次世界大战（简称“二战”）中，这类舰船奋勇崛起，主导与成就了许多著名的海战案例，如空袭珍珠港、珊瑚海海战、决战中途岛等。之后，世界上的海上强国更是竞相发展。这种在现代军舰大家族中堪称顶级、最具威慑力的大型军舰，就是航空母舰（简称“航母”），被誉为新一代的“海上霸主”。

一提起航母，人们脑海中就会浮现出这样一幅生动的画面：在辽阔碧蓝的大海上，一艘巨大的舰船率领一支舰队，威风凛凛、霸气十足地在海上游弋，它的甲板有些奇特，宽大而又平整，仔细一看，上面竟然停满了各式各样的飞机，时而还有飞机腾空而起，时而还有飞机缓缓降落到甲板上，简直就是一个活动的海上机场啊！

> 图2 “福特”号航母模型图

> 图1 当今世界最先进的核动力航母——“福特”号

> 图3　航母编队（一）

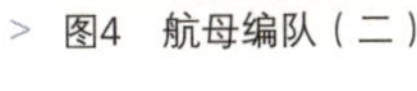

> 图4　航母编队（二）

> 图5　搭载舰载机的现代航母

小贴士

“四不像”

20世纪初叶，在航母刚刚出现的时候，航母有一个奇怪的绰号叫“四不像”。原来，那时尽管飞机刚刚兴起，但人们已开始想尽办法让舰船搭载飞机，以发挥飞机在海战中的作用。于是，一些战列舰、巡洋舰、客轮、运煤船被纷纷改造成了飞机搭载舰。这种飞机搭载舰与一般的船只、陆上机场都不一样，于是就有了“四不像”这个奇特的绰号。后来，造船设计师们按照舰船以及飞机的各方面匹配要求，历经修改，到了20世纪30年代初，终于有了现代航母的雏形。

航母，英文名为aircraft carrier。根据英文名我们可以简单直译为“飞机载送平台”，顾名思义，它是以飞机为主要武器，并可作为飞机海上活动基地的大型水面战斗舰船。从名称可见飞机对于航母的意义。可以说，正是飞机的发展才真正促进了航母的发展。伴随着飞机从螺旋桨式发展到喷气式，航母像是被赋予了崭新的“生命力”，不断更新换代，不断创新发展。

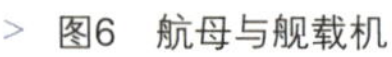

> 图6 航母与舰载机

> 图7 航母发展初期的照片（一）

与战列舰相比，航母到底“强”在哪里呢？试想一下，航母和战列舰在海上对阵，它一直“躲”在战列舰的大炮射程之外，轮番派出飞机，形成“你打不着我、我能打着你”一面倒的战斗局面，航母怎能不赢？而反观战列舰，尽管火力强猛，但怎么也打不着航母，那么退而求其次去打飞机吧，但是飞机目标小且灵活，战列舰根本无计可施。因此，战列舰在航母面前，只能是甘拜下风了。

> 图9 把战列舰撵下擂台的小航母

> 图8 战列舰

小贴士

海上霸主

在航母之前，海上霸主是战列舰。战列舰凭借大口径火炮和厚重的装甲，在20世纪初的海战中耀武扬威、不可一世。可是，二战爆发后，航母一登场，凭借着舰载机的绝对优势，只三拳两脚，便把战列舰揍了个落花流水，撵下了比拼的擂台。此后，航母就荣冠群舰之首，独自在海上称起霸来，成为了当之无愧的海上霸主。

> 图10 航母发展初期的照片（二）

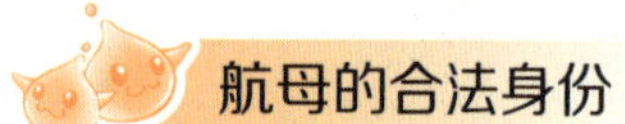

航母的合法身份

航母作为一种新型舰船，是从什么时候开始有合法身份的呢？这就要一直追溯到1921年11月，那时由美、英、日等多国参加的华盛顿海军裁军会议给出了航母的第一次明确定义：航空母舰是一种标准排水量在1万～2.7万吨、以搭载和起降飞机为专门目的而建造的军舰。

一战结束后，美、英、日等帝国主义国家为重新瓜分远东和太平洋地区的殖民地和势力范围，1921—1922年由美国建议召开国际会议，即华盛顿海军裁军会议。会议有两个主要议题：一是限制海军军备问题；二是远东和太平洋问题。

当时，各国还约定了各自航母建造总吨位限制等条文，这些约定差不多统治了此后航母设计的20年，直到二战后才被摒弃。

诚然，这些条文都有其特定的历史背景，直接目的是限制各国大量发展超大型军舰。但正是这些“明文规定”，看似是一种约束，其实也是一个目标、一个信号，在一定程度上引领了当时航母的发展。

> 图11 华盛顿海军裁军会议

> 图12 现代10万吨排水量的航母（一）

> 图13 现代10万吨排水量的航母（二）

各国对航母的诠释

对于航母的定义，世界各国都有着各自的诠释和理解，例如苏联就曾称航母为“重型载机巡洋舰”。

航母发展至今，名称的字面意义已经无关紧要，各国海军按照自身需求发展自我理解的航母，为航母的定义披上了一件具有浓厚政治色彩的外衣。

小 贴 士

排水量

排水量是指舰船静止在水中船体入水部分排开水的重量，计量单位为吨（t）。舰船排水量可分为空载、标准、正常、满载、超载等几种装载状态。其中，标准排水量是全舰建造完毕，搭载飞机，各种装置设备安装齐全，人员、弹药、食品、淡水等装载已完备，但不包含燃油、滑油、给水、舰载机所用的航空燃油等油水重量的一种排水量。满载排水量则为标准排水量再加上燃油、滑油、给水、航空燃油等油水重量的排水量。

如今，排水量2.7万吨已基本成为航母的过去式，但其背后所蕴含的历史意义将为我们所铭记。可以说，没有当时的2.7万吨，就不会有现在的10万吨。

按照美国海军的等级规范，类似于尼米兹级的航母才是真正的航母。而对于泰国人来说，满载排水量仅为11 000吨的“差克里·纳吕贝特”号就是他们心中的航母。而对于日本人来说，他们渴望拥有自己的航母，但是在名分上又不允许拥有，使得他们竭尽各种“曲线救国”的办法（二战后，日本作为战败国，其权利受到限制，只能拥有自卫权，不允许拥有军队，更不能拥有进攻型的武器装备，例如航母、核武器等）。日本新研制的“出云”号驱逐舰排水量超过2万吨、搭载直升机9架，无论是从吨位、布局到功能，就类似一艘名副其实的航母。

> 图14 苏联自称的“重型载机巡洋舰”

> 图16　日本“出云”号驱逐舰

> 图15　泰国“差克里·纳吕贝特”号航母

S
R05

第2章 海上霸主成长史

——国外航空母舰的历史源流

航母的历史已有百余年。100多年前的1909年，法国发明家克莱曼·阿德率先出版了一本名为《军事飞行》的专著，首次向世人描述了飞机与战舰结合的迷人梦想，向世界展示了未来航母的蓝图。

在此后的100余年里，航母主要经历了三个发展阶段。

航母探索性研制阶段

在航母发展初期，各国相继开展飞机上舰探索与试验。这个阶段的航母从属于战列舰编队，是战列舰的保障和支援兵力，主要担负舰队侦察护航和火炮校正等辅助任务，很少直接参加海战。

这一阶段，从水上飞机和水上飞机母舰起步，经试验、试用、改进，终于诞生了真正意义上的航空母舰。

航母大量应用阶段

二战爆发后，航母开始参与海战，并且很快展示出自身非凡的实力，它宣告了“大舰巨炮”主义的破灭，并且收获了“海上霸主”的荣耀。航母在各主要海军强国中受到极大的重视并得到了迅速发展，从普通型向现代型转变。二战期间，各国总共建造舰队航母50余艘，改装护航航母近130艘。

航母稳步发展阶段

20世纪50年代后，航母成为世界前沿军事公认的尖兵利器，受到了世界各海军强国的青睐。在美国等国家航母发展的引领下，舰载机喷气化和核动力上舰，世界航母技术日趋精湛，作战运用也越来越成熟，进一步稳固了航母在海上作战中的霸主地位。当今，航母已成为一个国家综合国力的象征，更是一个国家海上军事力量的中流砥柱。

纵观航母近百年的发展史，航母经历了改建、新建，从小到大，从常规动力到核动力，从单一功能到多用途的发展过程。截至2017年底，世界上已有9个国家拥有23艘航母（含已下水）。在不远的将来，拥有航母的国家和航母的数量还会增加。未来波涛汹涌的大洋，仍将是航母“跃马扬威”的战场。

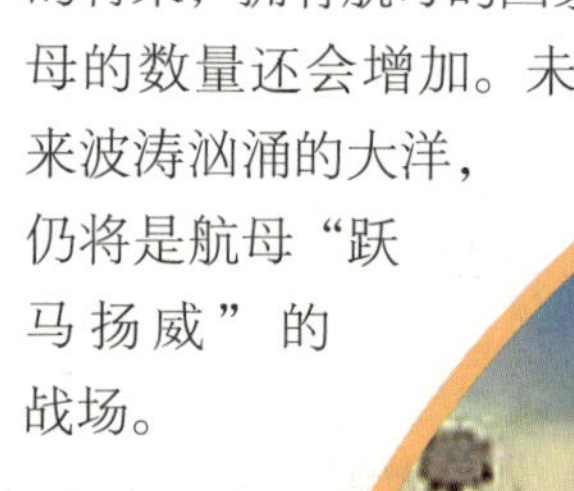

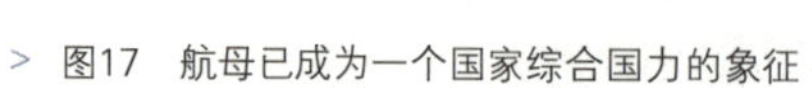

> 图17 航母已成为一个国家综合国力的象征

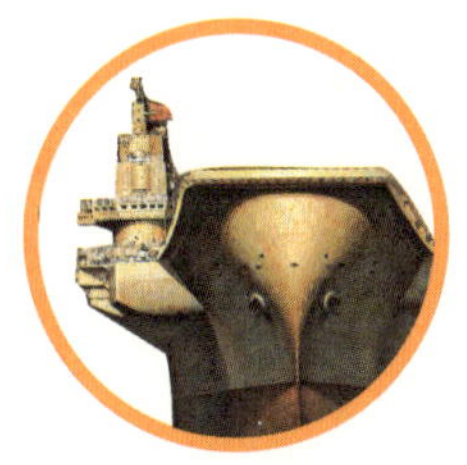

英国航母

英国是航母起步最早的国家，在世界航母发展史上发挥着不可替代的作用。现代航母的许多设计，如斜角甲板、蒸汽弹射器和助降灯等都是英国人的原创。现在让我们进入时空隧道，一起领略英国航母的发展。英国航母发展史见书后附图1。

> 图18　英国“竞技神”号航母

舰队航母与护航航母

舰队航母：指跟随海军舰队一起行动的航母，与护航航母相比，舰队航母拥有相对完善的装甲防护、更高的航速和更多的载机量。

护航航母：一般由商船改装而来，主要用于为商船船队护航，时常还担负运输任务。一般是在运输船队前方开道，依靠舰载机侦察、攻击潜艇，或引导水面舰船实施攻击等。

水上飞机母舰的发展

1912年1月，英国海军飞行员萨姆森驾驶着肖特S-27式飞机，从“非洲”号战列舰上起飞，为英国海军航空史开启了新篇章。当年5月，英国海军组建了世界上第一支海军飞行队。1913年5月，英国海军将老式巡洋舰“竞技神”号改装为水上飞机母舰，其前甲板上铺设了带有导轨的起飞平台。此后英国海军相继改造出“皇家方舟”号、“文德克斯”号、“坎帕尼亚”号等10多艘拥有独立起飞甲板的水上飞机母舰。

航母萌芽期发展

1917年，英国把在建的“暴怒”号轻型巡洋舰改造为拥有前后分离式飞行甲板的舰队航母。世界上第一艘同时拥有起降甲板的航母就这样诞生了。1918年，拥有全通甲板和现代航母外形的“百眼巨人”号航母也改装完毕。

为试验不同航母设计对飞机运用能力的影响，1918—1923年间在一艘战列舰的基础上通过多次试验研究改造出了“鹰”号航母，并依据“鹰”号的有益经验，由巡洋舰的舰体改造出“竞技神”号航母。两艘航母均拥有巨大的上层建筑和水线装甲带。此后，英国为彰显“强国海军实力”，利用这4艘试验性航母的技术成果又改造出了2艘航母——“勇敢”号与“光荣”号。这6艘航母成为了当时英国皇家海军航空兵（FAA）的中坚力量。

二战前

20世纪30年代初，由于受经济实力和生产能力等的限制，英国的航母发展开始落后于美国。为适应航空技术的发展，英国海军在1935年开始建造一艘新航母——

> 图19 英国“百眼巨人”号航母

> 图20　英国“皇家方舟”号Ⅱ型航母

> 图21　英国“怨仇”号航母

“皇家方舟”号Ⅱ型，1938年服役。“皇家方舟”号Ⅱ型凭借精巧的设计和合理的布局，如拥有全通式飞行甲板、双层机库、封闭式舰首和高干舷、设于右舷的岛式上层建筑、安装有阻拦索与应急阻拦网等技术特色，不仅成为日后英国航母的“标准版型”，也堪称现代航母的“样板”。

二战期间的大发展

基于“皇家方舟”号Ⅱ型积累的技术成果，英国海军在1940—1944年之间相继建造并服役了6艘光辉级Ⅲ型航母。这级拥有装甲飞行甲板的航母除载机量相对较少外，可谓当时综合防护性能最佳的航母，作为英国海军航空兵的主要战斗力活跃在大西洋、地中海和太平洋等海域。

英国“皇家方舟”号Ⅱ型航母

“皇家方舟”号Ⅱ型航母标准排水量22 000吨，具有强力式飞行甲板，装备有弹射器和现代着舰阻拦装置，采用全封闭式舰艏和较高的干舷，一体化的岛式上层建筑。设有2个封闭式机库，设计载机量约70架，3座舷内飞机升降机。推进装置采用三机三轴式。火炮由高炮改为两用型。

1942年，英国海军部成立了“未来造舰委员会”（FBC），负责对建造新型战舰的必要性及优先顺序进行审查，并重新排列了造舰项目的优先程序。此举中止或推迟了部分巡洋舰的建造计划，而使英国的主要造船厂在战时能集中力量建造新型航母。英国造船厂接到了有史以来最大的一次订单，包括8艘舰队航母和20多艘轻型航母。前者包括上述光辉级的第三型（计划4艘，实际建造了2艘，“怨仇”号和“不倦”号）及4艘扩大型的大胆级航母（计划4艘，实际完成了2艘，“鹰”号和“皇家方舟”号Ⅲ型）。这批航母在1945年至二战后初期相继完成，一直使用到20世纪70年代。

为应对德国潜艇“狼群战术”对大西洋航线的威胁，在二战爆发初期，英国利用商船改造了世界上第一艘护航航母“大胆”号，实际使用效果良好。此后英美两国签署《大西洋宪章》，大批美制护航航母（如射手级、攻击者级、统治者级）进入英国皇家海军服役，在大西洋反潜战和对北方航线的护航中表现出色。

图22　英国巨人级轻型航母

图23 英国“大胆”号护航航母

1943年末，英国海军获悉美国正在建造中途岛级大型航母，于是打算在1945年开工建造3艘与中途岛级航母相当的、在当时堪称巨型的航母，但后来为应对舰队航母不足的问题，英国海军最后决定建造能够快速强化航母力量、构造简单的轻型航母。在1944—1946年期间建造了巨人级轻型航母6艘，标准排水量13 190吨，最大航速约25节，载机数48架，船体结构按“劳氏”船级社规范建造，是使用年限较低的简易航母，但由于服役期较晚，都没有参加过实战。战后这些航母出售或租借给了法国、荷兰、巴西、加拿大四国，并在各国“名垂青史”。

二战期间，英国还以货轮改造出功能有限、成本更低的弹射器商船（CAM）和商船航母（MAC）。这些临时改造的简易航母1945年后大多改回商船使用，或解体拆毁，此外还有一些作为军援提供给加拿大、澳大利亚、法国、荷兰、阿根廷等国。

作为世界航母的“故乡”，英国航母在二战中的表现十分突出。二战结束时，仍有50多艘各型航母在海上驰骋！

节的概念

节（knot），单位符号kn，是国际上通用的航海速度单位，后延伸至航空方面，相当于船只或飞机每小时所航行的海里数。1节=0.514 4米/秒=1.852千米/小时。16世纪，为了计算船的航行速度，水手们想出一个办法，在一根长绳上打很多结（knot），然后在船尾随水流放下，通过计算一定时间内放出的绳索节数来计算船速。

二战结束至今

二战结束后，英国完工了一批二战时打算建造的航母，如尊严级、“鹰”号、半人马级、“皇家方舟”号Ⅲ型、“竞技神”号Ⅱ型等。后来，英国国力不再强盛，再也无力供养航母这种极其耗费金钱的庞然大物。到20世纪70年代末，英国的舰队航母无奈之下纷纷退役，甚至包括刚刚完成现代化改装、搭载专门从美国采购的F-4K舰载机（F-4战斗机改进型）的“皇家方舟”号Ⅲ型航母（1955年服役）。

> 图24 英国无敌级航母

为了避免没有航母可用的尴尬，英国皇家海军退而求其次，推出了轻型无敌级航母。这级航母主要搭载短距起飞垂直降落型（STOVL）战斗机和直升机，可执行反潜和局部制海、制空等任务。1982年，英国和阿根廷之间爆发了马岛海战，此时英国皇家海军仅有“无敌”号航母和“竞技神”号Ⅱ型航母。这场战争让英国意识到：必须发展可以搭载足够舰载机的较大型航母，才能获得足够的战斗力来满足皇

> 图25 英国“伊丽莎白女王”号航母（一）

家海军的各种任务需求。自此，英国开始了中型航母的追求之旅。

20世纪90年代，英国经济状况逐渐好转，为了能在2010年左右及时替换无敌级航空母舰，于1994年便开展了新一代航空母舰的初期评估研究。但此事一直拖到2002年9月，英国才宣布即将建造“伊丽莎白女王”号航母，并于2009年7月开工，2017年12月服役。而其姊妹舰“威尔士亲王”号，2011年5月正式开始建造，2017年9月举行了正式的下水命名仪式，预计2020年前后交付皇家海军。

两艘伊丽莎白女王级航母在一定程度上挽回了大英帝国百年来的荣光。

> 图27　英国“伊丽莎白女王”号航母（三）

> 图26　英国“伊丽莎白女王”号航母（二）

小贴士

英国无敌级航母

英国无敌级航母系列共有3艘，即“无敌”号、“卓越”号和“皇家方舟”号（R07）。无敌级航母长210米，宽36米，吃水7.5米，排水量22 000吨，动力装置为4台TM-3B型燃气涡轮机，总功率10万马力，航速28节，可搭载22架“鹞式”战斗机和直升机。无敌级航母最大的特点是应用了滑跃跑道，长约167米，宽12米。“无敌”号和“卓越”号的上翘角度为7度，“皇家方舟”号为12度。“海鹞”舰载机通过滑跃甲板起飞，在滑跑距离不变的情况下可使飞机载重增加20%，载重量不变的情况下可使滑跑距离减少60%。2005年8月，英国皇家海军旗舰——“无敌”号航母提前退役。

美国航母

美国是世界航母发展的执着践行者，从追随发展到引领发展，从未停止过对航母的追求。直至今天，美国拥有的航母不仅在技术上首屈一指，而且数量最多、吨位最大，是世界航母当之无愧的“大哥大”。现在让我们开启美国航母历史发展的大门，重温曾经的辉煌。美国航母发展史见书后附图2。

> 图28 美国“伯明翰”轻巡洋舰侧视图

航母萌芽期发展

美国作为海军航空事业先行者之一，早在1910年11月14日，也就是莱特兄弟首次实现驾机飞行的7年后，就率先在停泊于弗吉尼亚汉普顿水道上的“伯明翰”号轻巡洋舰上完成了飞机的“世界第一飞”试验。1911年1月18日，首次飞行的同一位驾驶员尤金·伊利又成功地使飞机降落在临时架设于“宾夕法尼亚”号重型巡洋舰的平台上，开创了飞机上舰之先河。

> 图29 美国“宾夕法尼亚”号重型巡洋舰俯视图

尽管美国海军毋庸置疑地率先使一架飞机在军舰上起降，但飞机首次在航母上降落却是12年之后的事了。可以说，1920年之前，美国海军航空兵明显落后于英国。

一战爆发时，美国海军航空兵的水上飞机屈指可数。不过，在一战结束后，面对欧洲军事与技术的迅猛发展，美国坐立不安了，开始把闲置舰船改造为航母，以供试验与研究。1920—1922年，运煤船“木星”号（USS Jupiter，AC−3）被改造为一艘带有试验性质的轻型航母“兰利”号

> 图30　尤金·伊利在一艘舰上首次降落

> 图31　尤金·伊利在一艘舰上首次起飞

（USS Langley，CV-1）。这是美国历史上的第一艘航母，技术特征与英国的“百眼巨人”号极为相似。

此后，美国海军又将两艘尚未完工、依约应予以拆毁的南达科他级战列舰改建为“列克星敦”号（CV-2）和“萨拉托加”号（CV-3）航母。这两艘舰是当时世界上最大的航母，具有全通式飞行甲板、封闭舰艏、右舷岛型上层建筑等现代

小贴士

美国第一艘航母——“兰利”号

1920年前后，美国国会同意将一艘排水量5 500吨、航速15节的大型运煤船“木星”号改装成“兰利”号，代号为CV-1。通过为期2年的改装，拆除了上层建筑和装卸吊杆，安装了长162.8米、宽19.5米的木质飞行甲板，并对机库、弹药舱、储藏库等舱室进行了改造。“兰利”号最初完工时有点像日本的“凤翔”号，在左舷侧装了一个铰链式烟囱，在飞行作业时可以放倒，后来又装了一个烟囱。驾驶台位于飞行甲板右舷舰艏下部，两个伸缩桅在飞行作业时可以放低到与飞行甲板一样平。虽然这艘军舰其貌不扬，像一辆敞篷马车，但在1922年3月服役后，飞行员们都很喜欢它。

航母的基本特征，并在此后的18年里稳居世界航母“老大”的地位。

二战期间，这两艘姊妹舰参与了美国海军举行的舰队演练，用来检验航母的战术理论，并提供了许多航母实用的宝贵经验。1942年5月珊瑚海海战中，“列克星敦”号因航空汽油渗漏引起大爆炸而被摧毁。1942年8月，“萨拉托加”号的舰载机在瓜岛海域击沉日本海军“龙骧”号轻型航母。太平洋战争期间，“萨拉托加”号曾遭日本潜艇和“神风”自杀式飞机攻击而三次负伤，但仍然支撑到战争结束。在二战后的1946年，“萨拉托加”号在比基尼环礁的核试

> 图33 美国“兰利”号（USS Langley，CV-1）航母

> 图32 停泊于美国普季特湾海军造船厂的“列克星敦”号（左）与“萨拉托加”号（右）航母

验中，因为原子弹的水下爆炸威力太大，造成舰体大量进水而沉没。

在20世纪20年代末至30年代，由于美国海军航空界存在着“小航母”与“大航母”的技术流派之争，因此美国海军相继建造了1艘较小的突击者级（CV-4）和2艘较大的约克城级［“约克城”号（CV-5）、“企业”号（CV-6）］航母。1940年还建造了14 700吨排水量的约克城级缩小版航母“黄蜂”号（CV-7），1941年约克城级3号舰“大黄蜂”号（CV-8）成功加入舰队航母编队。这些航母构成了美国海军在太平洋战争爆发初期的主要航空兵力。

> 图34 美国“大黄蜂”号（CV-8）航母

美国“列克星敦”号与“萨拉托加”号航母

美国“列克星敦”号（CV-2）和“萨拉托加”号（CV-3）航母标准排水量为36 000吨，采用全封闭的舰艏、全通式飞行甲板，可搭载78架舰载机。由舰桥、塔式桅杆和扁平烟囱组成的岛式上层建筑位于舰右舷。机库占一层甲板且长度占舰长的一半不到。采用16台主锅炉，最大功率可达135 240千瓦。直到1939年仍是当时世界上功率最大的舰船。最大航速约为33节，续航力接近10 000海里/10节。装配有4座双联装203毫米炮和12座单管127毫米炮，火力不亚于1艘重巡洋舰，这也是早期大型航母的共有特征之一。

二战期间航母大发展

由于美国太平洋舰队的全部旧型战列舰都在珍珠港事件中被摧毁，因此航母作为美国海军当时唯一的，也是最重要的支柱加入了对日作战。1942年5月，美、日航母在珊瑚海遭遇，展开了一场史无前例的航母间海上交锋，这就是海战史上著名的珊瑚海海战，美军“列克星敦”号航母击沉日本“祥凤”号航母，首开纪录。同年6月中途岛海战中，美军更以损失1艘航母为代价一举摧毁4艘日本中型航母，创造了海战史上的奇迹。此后，由于一系列战损，至1942年底，美军只有一艘航母“企业”号活跃于太平洋前线，却仍能在瓜岛战役中持续发挥关键作用，使日军部队元气大伤。

1942年，美国发展航母的势头更是充满蓬勃生机，2.7万吨级的新型航母——埃塞克斯级（CV-9～CV-47）开始服役。该级航母是在约克城级的基础上设计，具有更大的舰体和更长的飞行甲板，战争期间批准建造32艘，而实际完工的有24艘。

再加上以克里夫兰级轻巡洋舰舰体紧急改造而成的9艘独立级轻型航母，美国海军创造性地编成了一支由4～5个大队组成、每队4艘航母、全部载机数超过900架的快速航母特混舰队，先赢得了太平洋岛屿争夺战，后又在马里亚纳和莱特湾两次战役中分别摧毁了日本海军的航母机动部队和战列舰舰队，并于1945年进逼日本

> 图35 美国“列克星敦”号（CV-2）航母

> 图36　美国埃塞克斯级航母

本土，赢得了太平洋战争的最终胜利。

独立级轻型航母标准排水量11 000吨，共有9艘，全部于1943年服役。该级航母尽管所搭载舰载机不足埃塞克斯级的一半，但航速高、机动性能强。

当埃塞克斯级的后续舰、吨位更大的6艘中途岛级重型航母（CVB，排水量达4.5万吨）尚在紧张建造时，二战宣告结束，但最后仍有3艘该型舰继续完成建造。

除了正规的舰队航母外，美国海军在二战中还紧急建造了约100艘护航航母。其中，博格级航母是大量建造的护航航母中的第一阵列。这批护航航母大多是在中型货船的基础上增设飞行甲板和火炮而成，航速缓慢，只有一层机库，无装甲，主要用于反潜护航和飞机运输，在大西洋反击

美国“突击者”号航母

美国“突击者”号（CV-4）是1934年服役的美国专门设计建造的第一艘航母。其排水量不到列克星敦级的一半，受《华盛顿条约》规定的美国航母总吨位限制。由于“突击者”号是专门设计建造的航母，所以虽有预算制约，但其设计自由度高，许多设计特点都成为美国以后设计建造航母的参考依据。其烟囱为起倒式，飞行甲板后部两侧各装备3个。另外，将火炮等都改装为对空武器。“突击者”号船长234.5米，最大宽度33.4米，采用53 500马力蒸汽轮机，两轴推进，最大航速29.3节，续航力10 000海里/15节，载机数为76～86架。

> 图37 美国独立级轻型航母

> 图38 美国中途岛级航母

> 图39 美国博格级航母

德国潜艇的护航作战中表现突出，还有一批转交给英国皇家海军使用。二战后，这些护航航母大多解体或改回货船使用。

科芒斯曼特湾级航母是美国海军改造的最后一代护航航母，以油船为基础改建而成，共建造19艘，于1944—1946年完工。由于完工时间过晚，该级航母基本没有参加二战。

小贴士

美国埃塞克斯级航母

埃塞克斯级航母是无条约时期美国设计建造的正规航母，二战中的1940—1943年，美国通过了建造32艘的经费预算，其中24艘在1942—1950年间服役，大战中各舰的主要任务为对日反攻。基本设计沿袭了约克城级，水中防御和水平防御能力得到大幅提升，标准排水量约27 100吨。战后，除进行了喷气式机搭载的现代化改装外，一部分还改装为登陆舰，最后一艘被除籍是在20世纪90年代。

二战结束至今

二战后，美国作为航母国家最大的受益者，把航母视为舰队的骨干、海上力量的中流砥柱，继续倚重并发展航母，引领了世界航母的发展潮流。20世纪50年代初至60年代，美国相继成功研制了福莱斯特级（4艘）和小鹰级（4艘），在当时堪称“新型”的航母。

随着舰载机的大型化及其性能的不断提升，飞机保障系统与装置也日趋复杂化，从而使航母日趋大型化和高速化。为了满足航母编队的战略机动性和作战持久性等需求，核动力装置被引入航母，20世纪60年代美国建成了世界上第一艘核动力航母“企业”号（CVN–65），开启了核动力航母的新时代。

1975年，有着赫然身躯的“尼米兹”号航母横空出世。随后，9艘大多以总统名字（如华

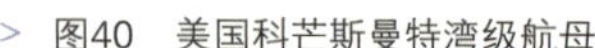
> 图40 美国科芒斯曼特湾级航母

> 图41　美国小鹰级航母

盛顿、林肯、罗斯福、杜鲁门、里根等）命名的世尊地位、排水量接近10万吨级、人类历史上最大型的海上霸主——尼米兹级航母相继问世。

目前，在正规航母领域，美国拥有了世界上其他任何国家望尘莫及的地位，保持11艘大型核动力航母，其中10艘尼米兹级航母、1艘福特级航母。在和平时期，这些航母凭借其强大的威慑力，不仅可以应付突发事件、局部危机，而且成为了美国海军进行海上争霸、显示战斗实力的重要基础。因此，长期以来，航母一直是美国海军舰队的中坚力量，在与俄罗斯（苏联）进行海上争霸、对世界各地“危机”作出应急反应方面起着重要作用。自20世纪40年代以来，美国在世界各地以武力作出威胁或炫耀武力的事件达200多起，在这些事件中大多有航母的身影。在危机出现时，美国总统总爱说“我们的航母在哪里”，那是一种怎样的威慑与震撼！

> 图42　美国“企业”号航母

小贴士

美国尼米兹级航母

美国尼米兹级航母是继“企业”号核动力航母之后，美国的第二代核动力航母，共建造10艘，在1975—2009年期间完成，满载排水量约92 000～103 000吨，船长332.9米，最大宽度76.8米，采用2座A4W/A1G反应堆，主机总功率28万马力，最大航速约30节。

> 图43 美国福特级航母模型

> 图45 美国尼米兹级航母

> 图44 美国尼米兹级“林肯”号航母

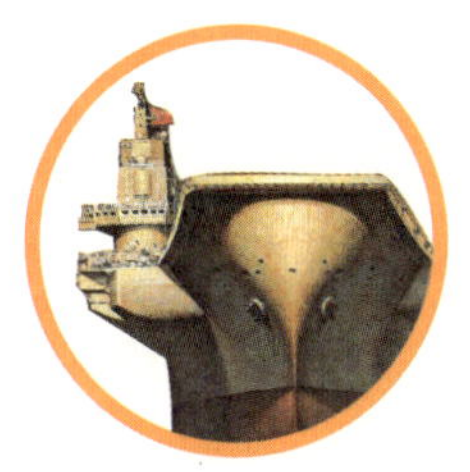

日本航母

作为亚洲大陆以东的一个岛国，日本对于有助拓展攻击里程的新型武器抱有特殊的敏感性，是一个迫切想要发展航母的国家。日本航母发展史见书后附图3。

1912年，日本海军成立了航空术研究委员会，1914年将一艘运输船“若宫”号改造成了亚洲第一艘水上飞机母舰。

航母萌芽期

一战末期，日本听闻英国已经相继改

> 图46　日本“若宫”号

造出了若干艘搭载飞机的航母后，不甘示弱，于1919年底开始将在建的“第7号特务舰”（给油舰）改造为航母，即“凤翔”号。华盛顿会议之后，1927—1928年，日本把“赤城”号巡洋舰、“加贺”号战列舰改造成了航母。1933年日本又建成了“龙骧”号轻型航母。

1930年，日本海军突发奇想，对既装备中口径火炮，又拥有飞行甲板的“航空巡洋舰”进行了设计探索，但后来发现两者并存是行不通的，也是没有必要的。1934年，《丸二舰艇补充计划》中提出设计建造两艘苍龙级正规航母，即“苍龙”号及其改型“飞龙”号。为了建造理想型航母，1937年日本吸取已有的航母建造经验，于1941年太平洋战争爆发前夕服役了2艘祥凤级航母，再加上同一时期服役的“翔鹤”号、“瑞鹤”号，这些航母构成了一支强大的海上航空打击力量。与此同时，受限于海军条约体制，日本在和平时期制订了在“有事时”将潜艇母舰、水机母舰和客船改建为航母的计划，其中潜艇母舰改造计划包括“祥凤”号、“瑞凤”号、“龙凤”号航母；水机母舰的航母改造计划包括“千岁”号、“千代田”号、“瑞穗”号和“日进”号（后两舰计划未实施）；客船改建计划则包括将数艘商船及客船改造为鹰级航母，如大鹰级3艘、飞鹰级2艘等。

二战中后期，日本工业生产能力、飞机产能等不足越发明显，在这样的条件下日本还是建造了一批航母，如1艘与埃塞克斯级相当的“大凤”号航母（标准排水量29 300吨，载机量61架），以及3艘云龙级中型航母。而且日本还建造了当时世界上最大的航母“信浓”号，并于二战结束前匆匆服役，服役仅10天被美国击沉，成为最短命的一艘航母。

二战中，日本海军航母损失惨重，至战争结束时，仅“凤翔”号、“龙凤”号、

> 图47 日本“凤翔”号航母

> 图48　日本"祥凤"号航母示意图

> 图49　日本云龙级航母示意图

> 图50　日本"信浓"号航母示意图

"葛城"号、"隼鹰"号航母仍处于漂浮状态，"阿苏"号、"笠置"号、"生驹"号、"伊吹"号四艘未成舰被弃置，"海鹰"号、"天城"号航母沉没于浅水中。战后，各舰均被解体。

小贴士

日本云龙级航母

日本云龙级航母标准排水量17 480吨，载机数50多架，都在1944年8月以后才竣工，没有派上用场。

俄罗斯（苏联）航母

早在1910年，俄国就建立了以培养海军飞行员为目的的海军航空学校，此后便开始了改造水上飞机母舰之旅，如1913年，俄国将商船改装成可以搭载4架水上飞机的母舰。一战爆发前后，俄国海军又将两艘货船改装为可以搭载七八架水上飞机的水上飞机母舰。此后，又陆续改造了2艘约3 200吨级的水上飞机母舰。

1922年苏联成立后，随着经济的复苏以及海军领导人对海军建设的重视，曾多次规划航母的设计与建造计划，但终因种种原因而不了了之。

直至20世纪60年代，历时13天的“古巴导弹危机”让苏联意识到，没有一支远洋海军，苏联称不上是完全的军事强国。1967年苏联第一代的第一艘航母“莫斯科”号终于诞生了，只是该型航母仅能搭载直升机，不具备制空作战能力。

一年后，第二艘同型航母“列宁格勒”号服役。在当时的历史

背景下，苏联第一代的两艘直升机航母组合了巡洋舰和直升机航母两种舰型的特点，以上层建筑为分界点，前半部是巡洋舰的舰体；后半部是直升机的起降甲板。

随着美国第一艘核动力航母“企业”号的诞生，不甘落后的苏联海军开始奋起直追，在面临没有弹射技术故而常规起降作战飞机无法起飞的情况下，“雅克”系列垂直起降作战飞机的出现给苏联航母发展带来了转机，20世纪70年代初苏联开始第二代航母（即基辅级垂直起降航母）的研发工作。1977年“基辅”号服役。

1972年，苏联启动第三代航母库兹涅佐夫级研制计划，该级航母有两艘：“库兹涅佐夫”号和“瓦良格”号。两艘姊妹舰排水量约6万吨，是滑跃起飞、常规动力航母，没有装备弹射器，可搭载常规起降作战飞机苏-27K（或称苏-33）。该级航母以其独特的身姿，曾名噪一时、响彻四方！

就在“库兹涅佐夫”号横空出世、苏联海军声名鹊起、苏联巨舰建造计划筹谋之际，命运与苏联航母开了一个玩笑，苏联解体了。1991年，“库兹涅佐夫”号航母刚刚下水服役，很多试航都没有完成，在即将出现归属之争前，被紧急调入俄罗斯北方舰队序列，为俄罗斯海军航母留下了最后的血脉，成为了俄罗斯现在唯一的一艘航母。其二号舰“瓦良格”号的经历就坎坷多了，当时在乌克兰尼古拉耶夫造船厂已建造完成大部分，但由于乌克兰经济状况不佳，根本无力继续建造，又不想拱手送给俄罗斯，最后这艘未建成的舰经过千番曲折来到了中国，在中国安家落户，

> 图51 苏联莫斯科级“列宁格勒”号直升机航母

续建为中国的第一艘航母——辽宁舰。

而苏联海军的第四代航母——“乌里扬诺夫斯克”号核动力航母就更遗憾了，在苏联解体时仅完工约30%，由于经济等情况，最后只能彻底拆解，被当成废钢材拍卖。“乌里扬诺夫斯克”号的最终陨落，标志着苏联几十年的核动力航母梦不幸终结（“乌里扬诺夫斯克”号航母满载排水量80 000～85 000吨，采用4座KN-3核反应堆、20万马力蒸汽轮机，最大航速约30节，载机量70架）。自此，苏联整个航母工业一蹶不振，陷入低谷。而曾经建造过9艘航母的海上大国苏联，如今仅剩下“库兹涅佐夫”号航母游弋在俄罗斯近海，孤独地守望着辽阔的海上疆域。

俄罗斯（苏联）航母发展史见书后附图4。

> 图52 苏联基辅级航母

> 图53　苏联“乌里扬诺夫斯克”号示意图（侧面）

> 图54　苏联“乌里扬诺夫斯克”号示意图（俯视）

> 图55　俄罗斯唯一的航母“库兹涅佐夫”号

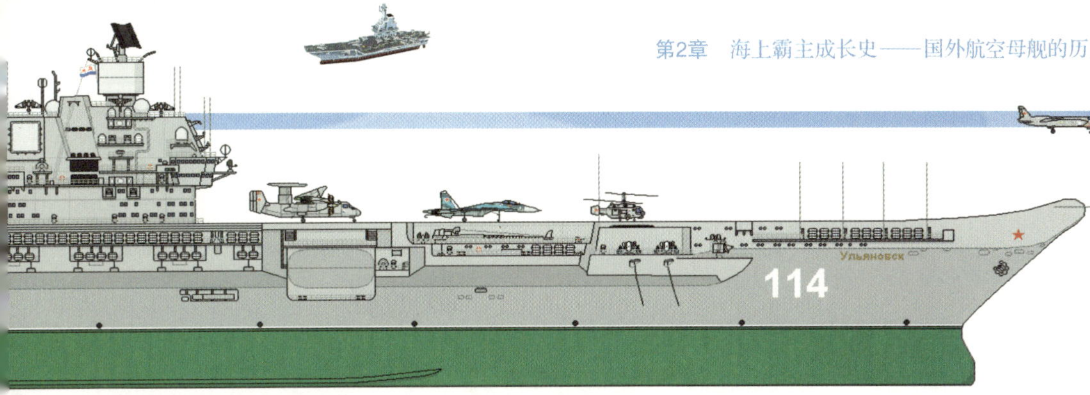

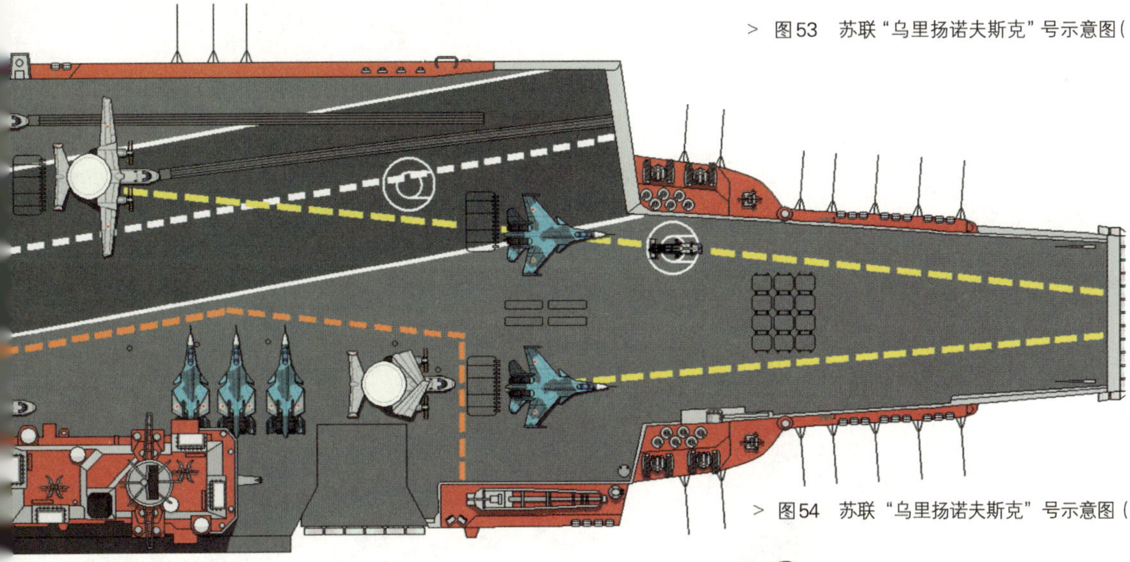

小贴士

苏联基辅级航母

在苏联海军历史上，基辅级航母无疑是建造数量最大的一批航母，一共建造了4艘，分别为“基辅”号、“明斯克”号、“新罗西斯克”号，以及“巴库”号（后改名为“戈尔什科夫”号），每艘可搭载十几架垂直起降飞机。但与常规起降作战飞机相比，无论是航程，还是载弹量，或是机动作战能力，都不具备优势。4艘基辅级航母被分别编入苏联海军的北方舰队和太平洋舰队服役。

R08

第3章

古今博览会

——航空母舰发展之典范

目前（截至2017年12月），世界上有9个国家拥有23艘航母（含已下水）。

在全世界航母家族中，美国无愧是老大，其航母数量不仅占了一半，而且无论在排水量、作战性能、系统性能等各方面都是绝对第一。就拿排水量来说，美国现役的11艘航母其满载排水量都在10万吨左右，这是其他任何一个国家难以匹敌的。

再拿动力来说，美国的11艘航母全部采用核动力，而其他国家中，只有法国“戴高乐”号航母采用了核动力，但是各项技术参数都相差甚远。

在9个拥有航母的国家中，一些国家虽然也有航母，但却不是自己造的，如巴西“圣保罗”号航母是法国的退役航母，而印度“维克拉玛蒂亚”号航母则购自俄罗斯。

表1　世界现役航母博览会

国　别	航母数量	舰　　号	动力类型	起降类型
美　国	11艘	10艘尼米兹级，1艘“福特”号	核动力	弹射起飞、阻拦着舰
俄罗斯	1艘	“库兹涅佐夫”号	蒸汽动力	滑跃起飞、阻拦着舰
中　国	2艘	“辽宁”号，第2艘航母（已下水）	蒸汽动力	滑跃起飞、阻拦着舰
法　国	1艘	“戴高乐”号	核动力	弹射起飞、阻拦着舰
英　国	2艘	“伊丽莎白女王”号、“威尔士亲王”号（已下水）	燃气动力	滑跃起飞、垂直降落
意大利	2艘	“加里波第”号、“加富尔”号	燃气动力	短距起飞、垂直降落
印　度	2艘	“维克拉玛蒂亚”号、“维克兰特”号（已下水）	蒸汽动力 燃汽动力	滑跃起飞、阻拦着舰
巴　西	1艘	“圣保罗”号	蒸汽动力	弹射起飞、阻拦着舰
泰　国	1艘	“差克里·纳吕贝特”号	柴燃联合动力	短距起飞、垂直降落
合　计	23艘			

美国"福特"号(CVN-78)
排水量约10.1万吨

中国辽宁舰(16)
排水量约5.9万吨

俄罗斯"库兹涅佐夫"号
排水量约5.9万吨

英国"伊丽莎白女王"号
排水量约6.5万吨

法国"戴高乐"号(R91)
排水量约4.3万吨

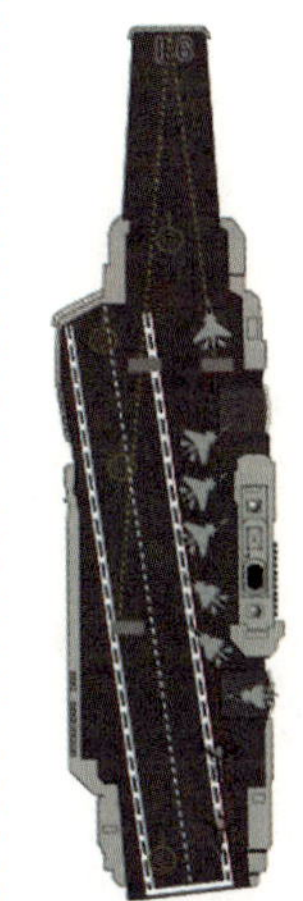

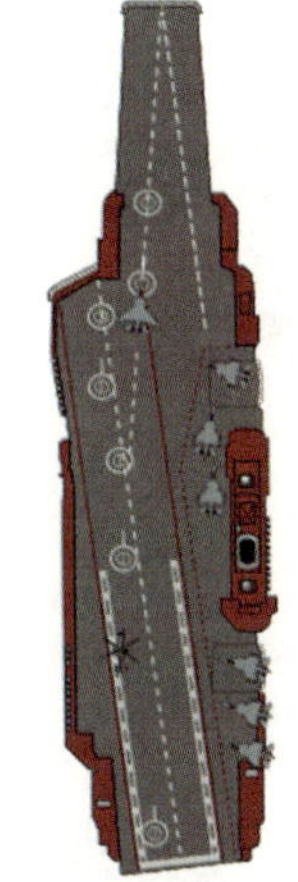

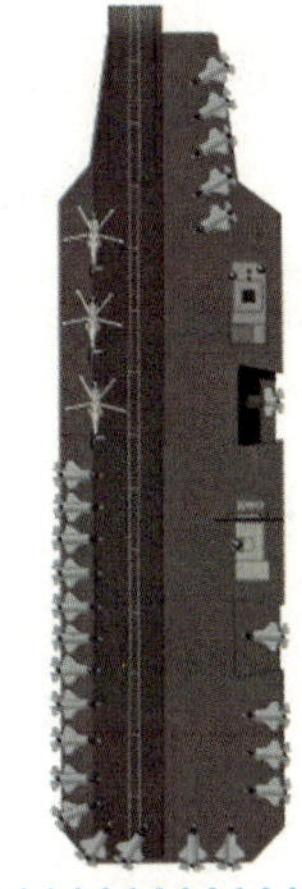

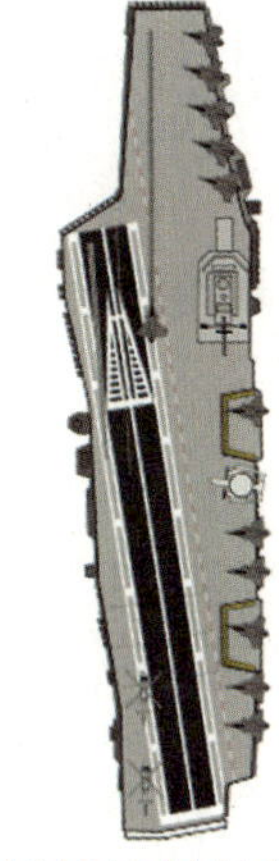

美国尼米兹级航母
排水量9万~10万吨

印度"维克拉玛蒂亚"号
排水量约4.6万吨

巴西"圣保罗"号
排水量约3.4万吨

意大利"加富尔"号
排水量约2.7万吨

泰国"差克里·纳吕贝特"号
排水量约1.1万吨

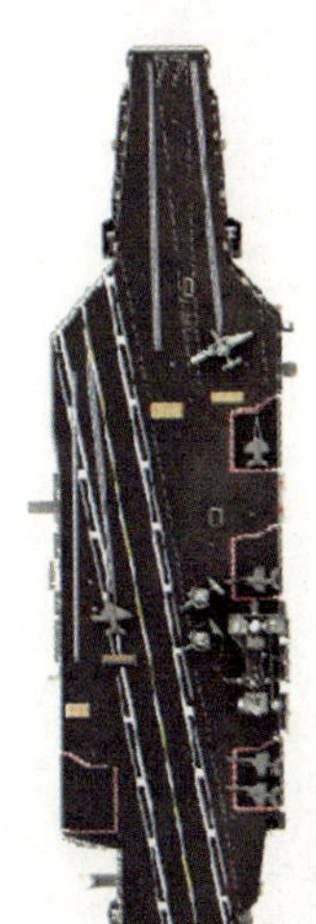

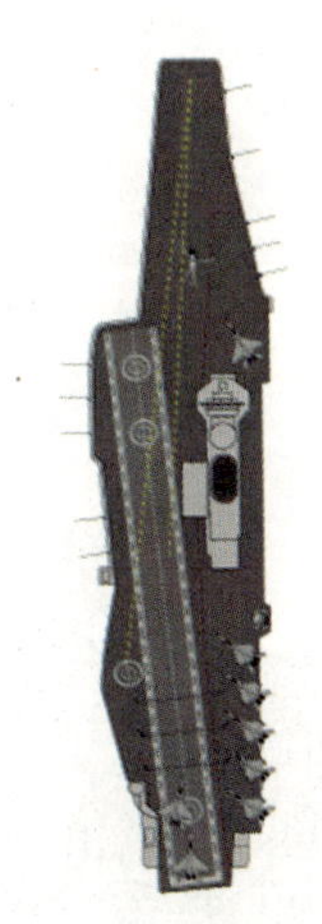

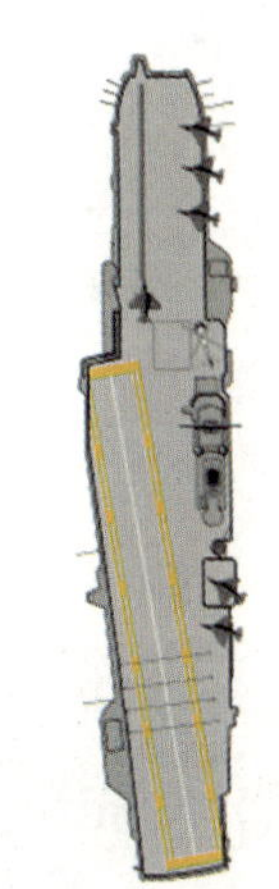

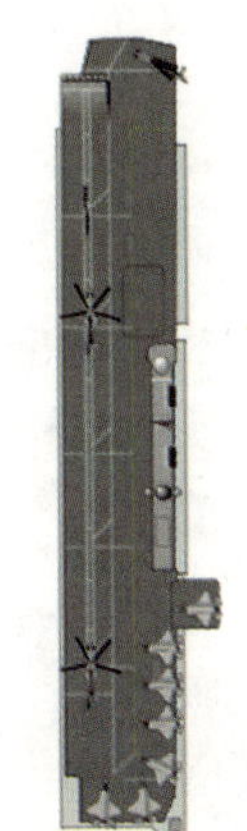

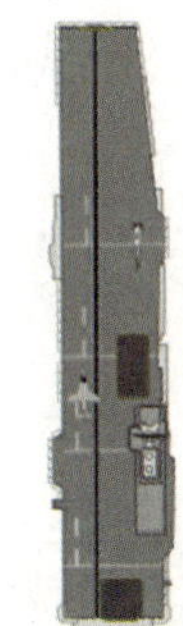

> 图56 世界各国航母对照图

> 图57 印度“维克兰特”号航母下水

与二战时期航母的大发展相比，现代航母在数量上根本难以企及。航母的辉煌难道已经不再？其实不然，现代航母用高科技武装自身，其战斗力已远非二战时期的航母可比。就拿舰载机作战能力来说，现代航母与二战时期航母的舰载机对战完全可以以一当十、所向披靡，所以在和平时期的今天，尽管各国航母数量有限，但是航母的战斗力却更加强大，航母正迈向另一个辉煌的阶段。

> 图58 巴西“圣保罗”号航母

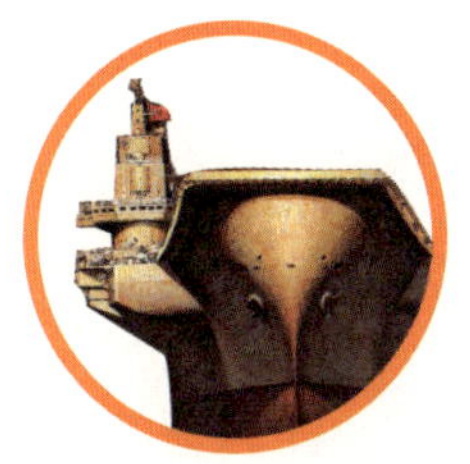

在役航母秀风采

美国“福特”号航母——世界最先进的航母

“福特”号航母是继尼米兹级航母之后，美国海军未来型航母的首舰，于2009年开工，2017年服役，使用寿命可达50年，耗资130多亿美元，是美国乃至世界海军史上造价最为昂贵的航母。

美国福特级航母宣告美国海军力量迈入了新的时代。据悉，美国福特级航母打算建造10艘，并以“一舰替换一舰”的方式逐步替换现役的10艘尼米兹级航母，确保美国海军航母编队的更新换代。这意味着，曾经世界航母的标杆——尼米兹级，从1975年开始服役至今，终于“后继有人”，真是长江后浪推前浪啊！全部的福特级航母可能将统治整整一个世纪。

> 图59　美国“福特”号航母（一）

> 图60　美国“福特”号航母（二）

美国“福特”号航母

“福特”号航母满载排水量约10.1万吨，采用2座A1B反应堆，最大航速约30节，至少可搭载各型战机75架。作为美国海军未来型航母的首舰，“福特”号航母聚许多高精尖技术于一身，全身笼罩着新型核反应堆、电磁弹射器与电磁阻拦装置、双波段有源相控阵雷达等众多先进武器装备和技术组成的光环，是现代航母中最耀眼的明星。

俄罗斯“库兹涅佐夫”号航母——采用上翘式滑跃甲板起飞的航母

“库兹涅佐夫”号航母是俄罗斯海

> 图61 俄罗斯“库兹涅佐夫”号航母（一）

> 图62 俄罗斯“库兹涅佐夫”号航母（二）

军在役的唯一一艘航母，1982年开工，1991年服役，满载排水量5.9万吨，采用常规蒸汽动力，最大航速约30节，可搭载飞机约37架，艏部采用14度上翘式甲板，舰载机可滑跃起飞、阻拦降落，是俄罗斯海军现役舰艇中吨位最大的舰只。

法国“戴高乐”号航母——世界唯一一艘中型核动力航母

法国“戴高乐”号航母是一艘中型核动力航母，是法国海军的第一艘核动力航母，也是目前唯一的一艘现役航母。“戴高乐”号航母于1983年开工，2001年服役，满载排水量4.3万吨，最大航速约27节，采用2座K-15反应堆，舰载机弹射起飞、阻拦降落。“戴高乐”号航母作为现代中型航母的代表，其作战能力在世界海军中排在第二梯队，位居美国核动力航母之后。

> 图63　法国“戴高乐”号航母

> 图65　英国伊丽莎白女王级航母

英国“伊丽莎白女王”号航母——世界最大的燃气动力航母

伊丽莎白女王级航母是英国研制的最新型航母，该级航母共有2艘，分别是“伊丽莎白女王”号和“威尔士亲王”号。“伊丽莎白女王”号航母于2009年开工建造，2017年服役，排水量6.5万吨，最大航速约26节，最大载机量可达40架，采用滑跃起飞、垂直降落。“伊丽莎白女王”号航母采用MT30燃气动力，具有前后两个岛式上层建筑的独特外形，是航母史上的又一创举。

> 图64　英国伊丽莎白女王级航母示意图

泰国“差克里·纳吕贝特”号——世界最小的现役航母

泰国“差克里·纳吕贝特”号航母是一艘轻型直升机航母，满载排水量仅约1.1万吨，是世界上最小的现役航母，于1994年开工，1997年正式服役，采用柴燃联合动力，最大航速约26节；可搭载直升机约8架。“差克里·纳吕贝特”号航母在世界航母大家族中是“小字辈”，但它对于泰国海军的意义却是非凡的，不仅提升了他们在东南亚的地位，而且使其拥有了在该地区的强大海上力量。

> 图66　泰国“差克里·纳吕贝特”号航母

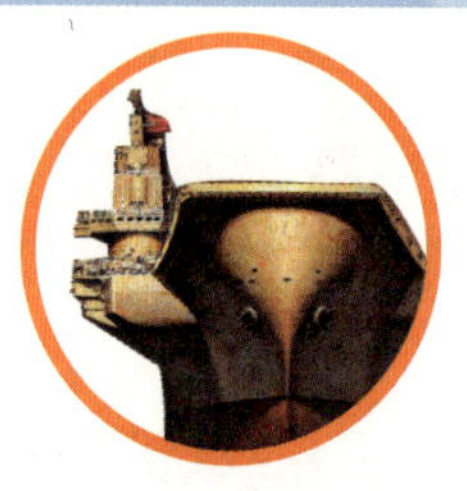

航母过往之“第一”

第一艘搭载水上飞机母舰——英国“竞技神”号

1913年，英国海军率先将一艘轻巡洋舰改装成“竞技神”号水上飞机母舰，使之获得了“世界第一艘水上飞机母舰”的殊荣。改装后的“竞技神”号舰艏拥有了一个带有轨道的起飞平台，后甲板拥有了一个停机平台，可搭载三架肖特“文件架”式飞机。

此后，英国海军在“竞技神”号水上飞机母舰进行了多次舰载机飞行试验，取得了很大的成功。至1914年，舰载机已可以完成攻击和防御敌机、攻击及防御薄弱区域、空中侦察、沿岸巡逻等多项任务。英国海军不仅巩固了当时其世界海军第一强国的地位，而且为此后世界各国开展舰机研究提供了有益的借鉴。

第一艘同时拥有起降甲板的航母——英国“暴怒”号航母

“暴怒”号航母是世界舰船史上第一艘同时拥有起降甲板的航母，1917年完工，1948年解体，排水量2万吨左右，主机采用蒸汽轮机，四轴推进，最大航速约30节。载机数最初为10架，改装后为36架。

1917年6月，“暴怒”号在一艘轻巡洋舰的基础上进行了第一轮改造，拥有了前起飞甲板，但舰后部仍然保留了后炮塔。这使得改装后的“暴怒”号成为了同时拥有飞机和大炮的“海上怪兽”。但飞机只能像在“竞技神”号水上飞机母舰一样，可从舰上直接起飞，但无法直接降落到舰上。

1917年8月，一次“机毁人亡”的事故（邓宁牺牲）更是把降落试验推向了低谷。一段时间的沉寂与反思后，“暴怒”

> 图67 水上飞机母舰示意图

> 图68 初期的“暴怒”号航母

号又“活跃”了起来，开始了第二次改造：拆除后炮塔，搭建后降落甲板，并在上层建筑两舷的两侧设置通道，以便飞机在前后甲板之间的移动。随后，英国皇家海军组织了13次降落试验，但仅3次取得了成功。值得庆幸的是，没有再发生像邓宁那样的惨剧。

最终，“暴怒”号并没有实现飞机直接降落的梦想，但它所做的这些努力为不久后航母的发展开拓了道路。

> 图69 第二次改造后的“暴怒”号航母

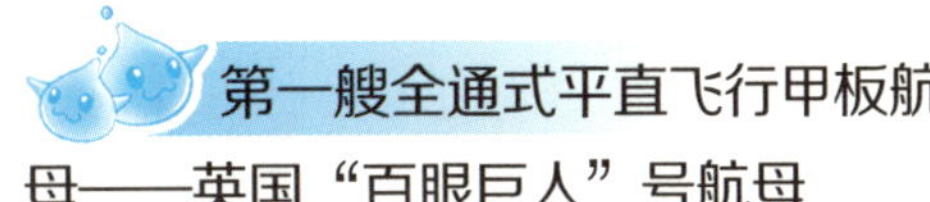

第一艘全通式平直飞行甲板航母——英国“百眼巨人”号航母

英国人不愧是航母技术的先行者，为了

水上飞机母舰

水上飞机母舰是早期用来携带水上飞机的大型水面舰船，属于早期的航母，大多是商船或货船改装而来，很简陋。为了与以后出现的真正的航母有所区分，所以叫作水上飞机母舰。水上飞机不能直接降落到舰上，而只能先降落到水面，然后在舰静止的情况下由母舰上的吊车将其吊放到甲板上进行起飞作业。

实现飞机在航母上的起降，1917年，他们决心建造一艘“真正意义上”的航母，于是将一艘建造中的客船改装成世界上第一艘具有全通飞行甲板的航母——“百眼巨人”号。舰上原有的烟囱被纷纷拆除，飞行跑道前后实现了贯通。全通式的飞行甲板成为了英国人的得意作品，为舰载机起降作业提供了极大的便利。这种航母的结构也可被称为“平原型”。

1918年，“百眼巨人”号航母完工，标准排水量1.4万吨，最大航速约20节，载机量20架。

匆忙服役的“百眼巨人”号并未赶上一战战火的洗礼，也没取得任何辉煌战绩，但它凭借着先进的设计理念，顺理成章地成为了当时最先进的航母，牢固地确立了它在航母发展史上的开拓性地位。

> 图70 英国“百眼巨人”号航母

第一艘采用右舷岛式上层建筑的航母——英国“鹰”号航母

“鹰”号是英国将战列舰改装而成的航母，它借鉴了“百眼巨人”和“暴怒”号的改装经验，成为了世界首艘拥有大型岛式上层建筑的航母，不仅为当时航母的发展指明了方向，同时也为“后继者”确定了基本的甲板构型。

1920年4月英国将尚未完工的“鹰”号入役进行了舰载机运用试验，11月再送入造船厂继续建造，并历经4年完成作为航母的改装。1931年和1935年两次接受进一步改装。标准排水量约2.2万吨，最大航速24节，载机量约21架。

在改装中，为了适应“鹰”号航母的要求，英国海军曾专门设计了最早的舰载机——“豹”式舰载战斗机，曾先

> 图71 身穿“斑马衫”具有迷幻色彩的“百眼巨人”号航母

后采用索普威思“骆驼”2F1式、“豹”式战斗机以及索普威思“杜鹃”式鱼雷机等飞机，在“鹰”号航母进行了多次的起飞和降落试验，取得了空前的成功。引人瞩目的是，索普威思“杜鹃”式鱼雷机更是在“鹰”号航母上取得了连续安全起降59次未发生任何事故的傲人佳绩。这些航母舰机适配试验的成功，为英国等世界海军强国研制现代航母打下了坚实的技术基础。

> 图72　英国“鹰”号航母

第一艘按航母标准设计/建造的航母——英国“竞技神”号/日本“凤翔”号航母

英国“竞技神”号航母与日本“凤翔”号航母是同一时期的竞争对手，都是首批按航母标准设计与建造的航母。但是这“第一名”的奖状，他们俩只能各得一半。这是为什么呢？

原来，其中设计的“第一”要颁给“竞技神”号，它是英国海军首艘专门设计的航母，也是世界上第一艘从一开始就按航母标准设计建造的军舰，在航母发展史上具有划时代的意义，被认为是现代航母的鼻祖。

“竞技神”号航母于1918年开工，这个时间是完全提前于日本“凤翔”号的，

小贴士

“暴怒”号航母的甲板降落试验

飞机不能在舰上直接降落始终是一件头疼的事！因此，1917年8月英国皇家海军筹划了一次在“暴怒”号甲板上的降落试验，邀请了当时具有丰富驾机经验的飞行员邓宁担任试飞员，试验总共进行了三轮。不幸的是，在第三轮降落试验中，由于飞机发动机故障，邓宁驾驶的飞机栽倒在海里，邓宁溺水而亡。因此甲板降落试验在此后一段时期内出现了中断。

> 图73 英国“竞技神”号航母（一）

> 图74 英国“竞技神”号航母（二）

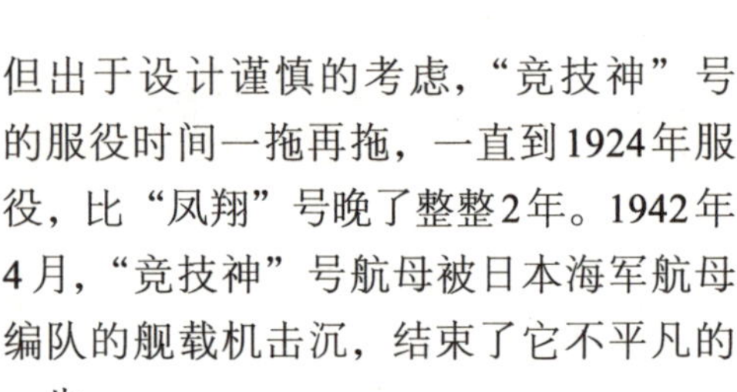

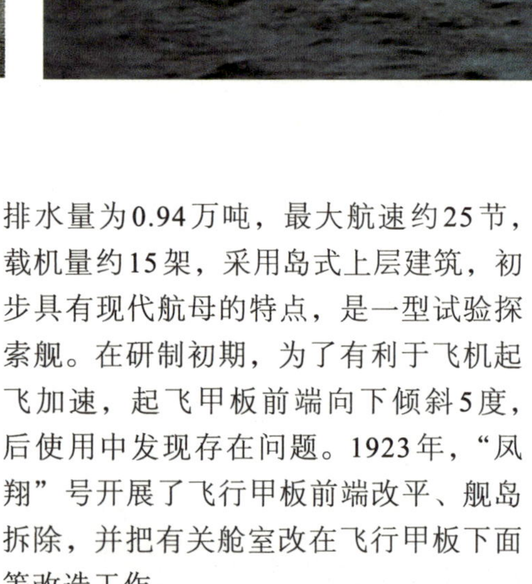

但出于设计谨慎的考虑，“竞技神”号的服役时间一拖再拖，一直到1924年服役，比“凤翔”号晚了整整2年。1942年4月，“竞技神”号航母被日本海军航母编队的舰载机击沉，结束了它不平凡的一生。

日本“凤翔”号航母尽管设计晚于“竞技神”号，但它赶在“竞技神”号之前服役了，因此获得了“第一艘建成的专门设计的航母”的桂冠。

日本“凤翔”号航母堪称日本海军航母中的元老，于1922年12月完工，排水量为0.94万吨，最大航速约25节，载机量约15架，采用岛式上层建筑，初步具有现代航母的特点，是一型试验探索舰。在研制初期，为了有利于飞机起飞加速，起飞甲板前端向下倾斜5度，后使用中发现存在问题。1923年，“凤翔”号开展了飞行甲板前端改平、舰岛拆除，并把有关舱室改在飞行甲板下面等改造工作。

日本“凤翔”号航母在服役后不久就参加侵华战争。1932年1月，在日本进攻上海时其飞机担任空中支援，2月又空袭

> 图75　日本“凤翔”号航母

了杭州空军基地。1937年“卢沟桥事变”爆发后，“凤翔”号航母再度出没在中国青岛外海，而后从事训练任务。中途岛海战时，“凤翔”号航母搭载了6架飞机负责主力部队的反潜警戒任务，但并未直接加入战斗第一线。

1944年，“凤翔”号飞行甲板进行了加长改造以适应新式战机的搭载，但未料改造后运动性能大大降低，无法到远洋活动，但也因祸得福，成功躲过了美军铺天盖地的攻击，得以服役到日本战败，在1946年9月最终被解体。

英国“竞技神”号航母

英国“竞技神”号航母的标准排水量1.1万吨，航速约25节，载机量20架。后来随着舰载机体积与重量的增大，载机数减为15架。“竞技神”号充分吸取了“鹰”号航母的试验成果，采用全通式飞行甲板和岛式上层建筑，实现了舰岛与烟囱的一体化，呈现了早期航母的雏型。

世界服役时间最短的航母——日本“信浓”号航母

日本“信浓”号航母是当时世界上最大的航母，由战列舰改造而来，在战列舰主甲板上安装了飞行甲板、机库和岛式上层建筑，标准排水量约6.5万吨，最大航速约28节，载机量40～50架。

1944年11月28日，“信浓”号航母在3艘驱逐舰护航下首次出海，在航行至东京湾以南约100海里水域处时，被美国“射水鱼”号潜艇发现，并遭到攻击。美国潜艇共发射出6枚鱼雷，有4枚击中了“信浓”号。在舱内浸水、失去全部动力后，“信浓”号于第二天上午沉没。“信浓”号在服役后仅十天，航行仅十几个小时，未经一战，甚至搭载的47架最新式的飞机都来不及起飞一次，就遗憾地沉入海底，因此成了世界海军史上最短命的一艘航母。

第一艘装备喷气式飞机的航母——美国“福莱斯特”号航母

“福莱斯特”号是美国福莱斯特级航母的首制舰，是美国在二战后建造的第一艘航母，也是首批为装备喷气式飞机而专门设计建造的航母，采用斜角与直通混合布置的飞行甲板，安装有蒸汽弹射装置、舷侧飞机升降机，布置了一个小型的岛式上层建筑，具备了美国当今航母的基本模式，体现了航母设计建造技术的又一大飞跃。

> 图76 日本“信浓”号航母示意图

> 图77　美国“福莱斯特”号航母

最大的常规动力航母——美国小鹰级航母

小鹰级航母是美国福莱斯特级航母的改良型，也是美国海军最后一级常规动力航母，“小鹰”号是4艘小鹰级航母的首舰，于1956年开工建造，1961年编入太平洋舰队服役。

“小鹰”号航母是世界上最大的常规动力航母，满载排水量约8万吨，最大航速约32节，采用4台7万马力蒸汽轮机，载机量80～90架，舰员编制5 480人，设计使用寿命30年。该舰经历了多次改造，1973年由重型攻击航母改装为多用途航母，1987—1991年通过大规模的现代化改装，服役期延长了近15年。“小鹰”号

美国福莱斯特级航母

美国福莱斯特级航母于1955年服役，是一型多用途航母，能搭载当时最新型的舰载机（喷气式飞机），标准排水量约6万吨，最大航速约34节，载机量约70架。采用4部蒸汽弹射器，在飞行甲板前端及斜角甲板各布置两部，对于喷气式飞机的起飞至关重要。采用4部舷侧升降机，左舷1部，右舷3部。

> 图78 美国“小鹰”号航母（一）

航母服役后一直编在太平洋舰队，长期以圣迭戈海军基地为母港，曾参加过越南战争，多次前往西太平洋和海湾执勤。1998年7月，该舰为了接替退役的“独立”号航母被部署到日本横须贺，并常驻西太平洋，最后于2008年退役。

第一艘核动力航母——美国“企业”号航母

“企业”号航母（CVN-65）为美国海军的第一艘核动力多用途航母。1961年加入大西洋舰队服役，先后更换核燃料四次，是美国海军唯一一艘具有8座核反应堆的军舰，母港设在美国最大的海军基地弗吉尼亚州诺福克。

> 图79 美国“小鹰”号航母（二）

第一艘垂直/短距起降飞机航母——苏联“基辅”号航母

基辅级航母一共建造了4艘，“基辅”号航母是该级舰的首制舰，是苏联在古巴导弹危机后加快海军建设的产物。

“基辅”号航母满载排水量4万多吨，最大航速约32节，载机量30多架，舰上还装备了防空、反舰、反潜导弹发射器，以及鱼雷发射管等多型武器。不仅可以进行编队作战，而且还具备进攻体系，可以进行单兵作战。

“基辅”号航母在服役期间没有参加过任何战役，但曾出访了印度、朝鲜和阿尔及利亚等国，一度是苏联海军的国家名片与象征。由于苏联的解体，1993年“基辅”号航母被迫提前退役。2000年，被当作废金属拍卖，后被中国购得，将“基辅”号修复原貌、精心打造，设计成了集知识、娱乐于一体的航母世界，设在天津国际游乐港供游客参观与游览。

> 图81 苏联“基辅”号航母

> 图80 美国“企业”号航母

小贴士

美国“企业”号航母

美国“企业”号航母满载排水量约9万吨，采用8台A2W型核反应堆、4台7万马力蒸汽轮机，最大航速约33节，载机量约78架。1964年8—10月，“企业”号航母组成世界上第一支全核动力特混舰队，开始了一段史无前例的环球航行。在“长滩”号和“班布里奇”号核动力导弹巡洋舰的护航下，通过历时64天，总航程32 600海里的环球旅行，途中没有加油与补给，充分显示了核动力“霸气十足”的续航力，开创了航母发展的新纪元。2012年，“企业”号退役，结束了长达51年的服役生涯，是目前海军在役时间最长的航母。

第4章

奋起追逐、梦想成真

——中国航母的发展

中国的航母梦曾经很是飘渺，一次次如泡沫般破碎，透着一种拒人千里的无情。但中国的航母人从未放弃，他们像戈壁红柳一般的顽强，果敢地与命运作一次次的斗争，执着而又坚定地追求着中国的航母。在强国强军的征途中，中国的航母梦终于实现了！航母将承载着中国人美好的愿望砥砺前行，走向深蓝，走向辉煌。

中国几度飘渺的航母梦

中国人的航母梦由来已久，可以追溯到民国时期，但是最初的航母梦，由于政治、经济等各方面原因，却是每每云消梦断。然而中华儿女对于航母的憧憬和期盼，都为圆梦之旅积聚了能量，历经不懈追逐，梦想终于成真。

中国最早的水上飞机母舰

事实上，中国人很早就意识到军舰搭载飞机的军事价值，这个时间并不比美英晚，20世纪20年代，中国就有了自己的水上飞机母舰和“海军航空兵”。

20世纪20年代，中国处于军阀混战、局势动荡、列强欺压的风雨飘摇之中，孱弱的中国海军举步维艰，但并没有停止追赶世界先进水平的步伐。

当时，无论是技术还是资金都不容许中国拥有一艘正规的航母，因此中国人将目光投向了技术相对简单、费用较为低廉的水上飞机母舰。迈出第一步的是奉系军阀的东北海军，1926年率先将一艘闲置的镇海舰改装成了可以搭载两架水上飞机的母舰。改头换面的镇海舰成了中国海军历史上的第一艘水上飞机母舰。另有一艘运输舰“华甲”号被改造成了一艘能搭载8架水上飞机的母舰。两艘舰是1928年前中国水上飞机母舰的“全部”。

凭借着两艘水上飞机母舰，东北海军在

> 图82　中国早期的水上飞机母舰（一）

> 图83　中国早期的水上飞机母舰（二）

夺取海上制空权方面占尽优势，特别是镇海舰，在1927—1928年的多次攻击行动中名声大噪。此后，闽系军阀跟风而上，也开始发展水上飞机母舰，改装出了可以搭载一架小型水上飞机的“德胜”号和“威胜”号。一时间，水上飞机母舰在中国水域风生水起，一片生机勃勃的景象。

1937年，抗日战争全面爆发。为了保护自己的领水，中国海军以“集体沉船封江”这种悲壮的形式来诠释“誓与日寇决一死战”的决心，最后“德胜”号和“威胜”号水上飞机母舰作为江阴阻塞线的一部分自沉于江阴，镇海舰自沉于青岛。其余曾经客串过水上飞机母舰的军舰也纷纷撤下飞机，改为其他用途，中国水上飞机母舰如昙花一现，归为沉寂。

民国时期的航母梦

民国时期的航母梦，必须提到一个人，那就是陈绍宽。他是旧中国提出建造“真正意义”航母的第一人。陈绍宽一生追求“航母梦”，他的海权观、海防观、航母观对当代中国海军有影响。

在一战爆发后，北洋政府海军派两名年轻军官陈绍宽和郑礼庆赴欧洲观战。1916年12月，两人先后到英国、法国、意大利考察海军。当时，英国完成了“竞技神”号等一批水上飞机母舰的改装。一战即将结束之际，英国对“暴怒”号实施进一

步改装。1917年7月，从这艘航母上起飞的7架舰载机轰炸了德国的空军基地，显示了航母的巨大作战威力。陈绍宽耳濡目染，从那时起他就决心要让中国拥有航母和潜艇。

1920年，陈绍宽带着英国女王颁发的欧战纪念勋章回国，此时正值国内军阀混战。直到1928年，张学良在东北易帜，蒋介石实现了形式上的全国统一，陈绍宽担任海军署署长。他给国民政府呈文扩充海军，首次提出建造一

> 图84 "突击者"号（CVA-61）航母（一）

> 图85　“突击者”号（CVA-61）航母（二）

艘航空母舰。提议被否决后，他愤然辞职。

蒋介石害怕海军群龙无首，赶紧安抚陈绍宽，做出建设海军的承诺，答应建设总量达60万吨排水量的舰艇，其中包括3艘航母。陈绍宽于是打消了辞职的念头。

后来陈绍宽担任了国民党海军部长，在海军建设规划中，他将航母建造作为海军建设的一个重要组成部分，又到胶州湾、象山、大鹏湾等地考察选址，确立了航母的驻泊基地。同时决定在福州海军学校每年定期招生，聘请英国教官任教，并且在国民党海军内部掀起关于海空军配合作战的大讨论。但是，当时中国的经济实力和国民党内部派系斗争形成的阻力注定陈绍宽的航母之梦难以成真。

抗日战争全面爆发后，日军航母的空中肆虐让陈绍宽进一步认识到了航母的作用。1943年11月，陈绍宽再次提出建造航母规划，此时的他雄心勃勃，已经不再满足于拥有几艘航母了，而是要在全国沿海的四个海军区打造航母群，共需要20艘航母。显然，就战时中国的状况而言，这个规划只能是纸上谈兵、难

以实现。

1945年8月，在抗战即将胜利之际，陈绍宽仍不“死心”，结合当时国民党海军舰艇情况，提出航母数量从20艘减为12艘、30年内完成的计划。

抗战胜利后，国民党反动派又打起内战，陈绍宽的强海军梦随之破灭，航母梦也自然烟消云散。中国人第一次拥有真正意义航母的努力就此结束。

新中国追逐航母之旅

新中国成立以后，中国人继续追逐航母梦，上至两代海军司令萧劲光、刘华清，下至普通的官兵和技术人员，对航母的渴望与日俱增。但新中国的航母梦注定是艰难而曲折的，期间有那么几次机会，看起来触手可及，但是由于种种原因，还

> 图86 澳大利亚“墨尔本”号航母

是失之交臂。

新中国早期的航母论证工作

20世纪60年代，新中国在内忧外患下，中央军委提出了发展远洋海军船舶工业八年建设两步走的计划：第一步，以导弹为主，以潜艇为重点，同时发展中小型水面舰艇；第二步，建造航母。时任中国舰船研究院院长的刘华清一直关注着世界各国航母的发展和应用，思考着航母研制的有关问题，并于1970年亲自主持起草了新中国历史上的第一个航母工程报告，组织领导了新中国成立以来首次航母研制专题论证。不过在当时的条件下，即便是当时最有实力的造船厂，也造不出一艘完全具有自主知识产权的万吨级舰船，更不要说建造航母。

1973年，周恩来总理在会见外宾时感慨地说道："我搞了一辈子军事、政治，至今没有看到中国的航母。看不到航空母舰，我是不甘心的啊！"这是中国人对航母的深厚情怀，也是党和国家领导人图求祖国强大的强烈愿望！

20世纪七八十年代，刘华清在海军司令部出任要职，继续推动中国航母前期工作，多次组织航母专题论证，但由于发展航母经费巨大，最终不了了之。

参观美国航母

1980年，时任国务院副总理兼军委秘书长（后兼任国防部长）的耿飚率团访问美国，时任解放军副总参谋长的刘华清是访问团中的一员。参观团先后参观了"小鹰"号（CVA-63）和"突击者"号（CVA-61）航母。

刘华清说，这是中国人民解放军和科技人员首次踏上航母，"其规模气势和现代作战能力，给我留下了极深的印象。"

航母梦在刘华清心里扎下了根，他曾痛心疾首："如果中国没有航空母舰，我死不瞑目！"

1982年之后，他任职海军司令员，一手推动了航母的预研工作。1987年，他再一次汇报，将航母列为海军未来装备规划的重点。

他在回忆录中写道：我国对航母做过可行性研究，我也为此做过一些工作。

"墨尔本"号航母留下的回忆

"墨尔本"号航母原本是英国海军"尊贵"号，舷号R77，属于英国在二战中应急设计的巨人级轻型航母。1945年下水，二战后，英国为了大量缩减海军力

澳大利亚"墨尔本"号航母

澳大利亚"墨尔本"号航母满载排水量20 250吨，拥有4台大推力蒸汽弹射器，能够携带20～27架飞机，最多可以容纳40架，其中被视为宝贝的是4架美制A-4天鹰攻击机。最大航速25节，续航力为4 000海里，全舰人员编制为1 480人(包括620名空勤人员)，初步具有远洋部署能力。"墨尔本"号于1982年1月退役。

量，以10英镑的象征性价格卖给澳大利亚。1956年，“尊贵”号改名为“墨尔本”号，并加装了蒸汽弹射器、斜角甲板、阻拦装置、助降灯光等，成为澳大利亚舰队的旗舰。

1985年3月广州造船厂向澳大利亚购买了退役的“墨尔本”号以拆解钢材，这是我国购进的第一艘航母。“墨尔本”号被引进中国的时候，舰上绝大部分的设备被事先拆除，但是所幸飞行甲板、飞机升降机、蒸汽弹射器得以保留，简直是意外之喜。

“墨尔本”号航母到达中山港之后，有关部门获悉，抽调多名不同专业人员前往参观，从没见过航母的人突然看到如此庞然大物，其震撼程度可想而知。参观组不分昼夜，逐个舱室进行调研。这是中国技术人员与航母的首次亲密接触！

4个月过去了，这个巨无霸最终还是被无情地拆解了，“墨尔本”号自此成为了永恒的历史。“墨尔本”号在我国航母梦之旅上尽管短暂，但是它却以另一种形式向人们展现了我国对航母的一种执着与向往。

两代海军司令员对发展航母的奔走呼吁

萧劲光大将是新中国海军首任司令员，海军没有航母，一直是这个老海军司令心头的遗憾。

1987年，萧劲光已84岁高龄。3月下旬的一天，听到各大媒体都在报道“中国不需要航母”的言论，萧劲光再也坐不住了，立即打电话给接替他的海军司令刘华清，商量航母的事情。3月底，刘华清就

> 图87 中国海军飞行队员

> 图88 “克莱蒙梭”号航母

发展航母问题进行了深入的汇报，他指出尽管中国当前财力、技术都有困难，但也应提前着手研究航母，要早立项、早论证，早点把相关问题研究透。

萧劲光接受刘华清的建议，写成了《建设现代化的强大海军》一文，指出中国需要研究制造航母和舰载机。1987年8月，海军杂志刊登了该文，同时《人民海军报》也进行了全文登载。文章发表后，在全国引起了强烈反响。甚至有小学生把自己的压岁钱寄到杂志社，在信封上写道“支援海军建航母!”，可见当时的中国人民对于拥有自己的航母是多么的热情啊!

中国为建造航母的一系列技术准备

（1）开展航母人员的培训，积累作战经验。1985年，广州海军舰艇学院开办了首届也是至今唯一一届的航母飞行员训练班，又叫作飞行员舰长班，通过挑选海军航空兵中的优秀飞行员学习水面舰艇指挥专业，从而培养一批高素质、

法国“克莱蒙梭”号航母

法国“克莱蒙梭”号航母是克莱蒙梭级航母的首制舰。克莱蒙梭级航母为法国二战后自行建造的第一级航母，是当时世界唯一能起飞固定翼飞机的中型航母，共建造2艘，“克莱蒙梭”号于1955年11月开工，1961年11月入役，标准排水量约27 000吨，设计最大载机数约40架。

复合型舰长。

除了开办训练班，还选派人员送到国外见习。通过在国外体验和考察航母的情况，获得航母运行和作战的宝贵经验，为中国建造航母奠定基础。

这一时期的体验和实践，使我国对航母形成了更深刻和更成熟的看法。

（2）关于轻型航母的构想。20世纪90年代初，某国提出可以免费把退役的“克莱蒙梭”号航母送给中国，但必须从该国购买雷达和通信系统。中国斟酌再三，考虑到当时中国没有合适的舰载机和护航舰艇，而且购买后维护费用等颇为昂贵，最终谢绝了该国的“美意”。

此后，中国海军还准备购买一艘轻型的航母。轻型航母需要的经费少，技术含量也较低，可以满足海军在当时的需求。1995年，某国造船厂提议为中国建造一艘低成本的轻型常规起降航母，设计方案有排水量2.3万吨、2.5万吨两个。中国对设计方案表现出了极大的兴趣，由于中国只想购买航母设计图纸，而不准备让该造船厂来建造，此事最终也不欢而散了。

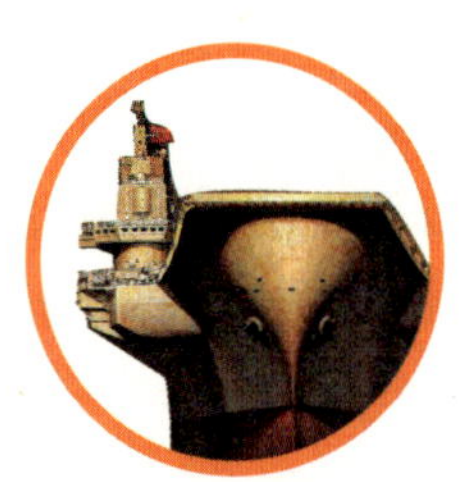

中国航母的第一步

续建瓦良格

众所周知，辽宁舰的“前生”是苏联建造的“瓦良格”号航母。那么，“瓦良格”号航母是如何来到中国的呢？中国怎么与她结下不解之缘的？这还要从“瓦良格”号航母的出身说起！

“瓦良格”号的前身

1985年12月，“瓦良格”号航母在乌克兰尼古拉耶夫黑海造船厂船台安家落户。可以说，“瓦良格”号见证了苏联的兴旺与衰落，这样一艘极具见证意义的标志性航母，曾经是苏联海军走向远洋的一个梦。

1991年苏联解体，就如一阵惊雷，一下子使“瓦良格”号航母失去了“父母的怀抱”，没有人愿意出资“认养”已完工百分之七八十的她，“瓦良格”号航母被迫停建。

此后的两年时间，“瓦良格”号就像是一个弃婴，孤独寂寥地待在船台上，任凭风吹雨打，变得锈迹斑斑、悲惨凄凉。

> 图89 锈迹斑斑的“瓦良格”号航母

1994年，“瓦良格”号正式归属乌克兰。此后乌克兰政府决定把它交由其“奶妈”黑海造船厂处置。但是，这个没有完工的庞然大物天天摆在家里也不是办法，只能想办法把她“送”出去，于是黑海造船厂把希望寄托到中国身上，希望中国海军能够买下这个大家伙。

历尽千辛万苦买下航母

中国决定购买“瓦良格”号航母，此举引起了一些国家的注意。为了防止“瓦良格”号落入中国手里，某些国家对乌方施压，要求“瓦良格”号公开拍卖以方便自己从中作梗。

为了不得罪某国，1998年4月，在基

> 图90 空壳子的“瓦良格”号航母

辅市最出名的嘉士德拍卖行，“瓦良格”号航母被公开拍卖。经过多个国家的一番竞标，最后被中国创律集团买到手。

某国一计未成又生一计，要求乌方将“瓦良格”号上所有的装备拆卸一空。据乌克兰在《我们的航母》回忆录中所言，13个月里累计拆除包括武器装备、航空装备、通信导航装备、机械装备等在内的设备超过1 300多件，甚至连绝大部分的管道和几万米长的电缆也被拆了下来。“瓦良格”号几乎成了一个空壳子！

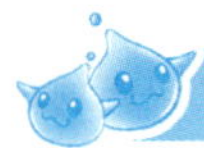

运输途中的风风雨雨

1999年，“瓦良格”号航母在下水11年和停建8年之后，准备移居中国。“瓦良格”号的拖航路线是经博斯普鲁斯海峡，进入爱琴海、地中海；经苏伊士运河，进入红海；经曼德海峡，进入阿拉伯海、印度洋；再经马六甲海峡，进入中国南海，然后停靠大连港。按照这个航线，“瓦良格”号60天左右即可抵达中国。

1999年6月，“瓦良格”号刚启程3天，驶抵黑海水域，准备通过博斯普鲁斯海峡时，受某国暗中“指使”一个国家以这艘航母船身过于庞大而且毫无动力，加上风向及水流难以控制，通过弯曲狭长的博斯普鲁斯海峡“极其危险而且不适宜”，让“瓦良格”号

> 图91 开启旅行的“瓦良格”号航母

> 图92　在途中的“瓦良格”号航母

退回黑海。

“瓦良格”号陷入进退两难之地，受困于黑海，在此期间不仅要向拖船公司每日支付昂贵的租船费用，还要每月向乌克兰港口当局缴付昂贵的停泊费。

此后，经过一番曲折的斡旋，最后“瓦良格”号被同意通过该海峡。

2001年11月1日，天气晴朗，博斯普鲁斯海峡风平浪静。上午8时，晨雾已散尽，“瓦良格”号航母——这艘没有动力的庞然大物，在11艘拖船拖行和12艘消防、救援船的前呼后拥下，开始进入曲折狭长的博斯普鲁斯海峡。“瓦良格”号以4节的速度缓缓前行着，到下午2时30分，终于安全驶过了海峡的最后一个危险弯角，进入了宽广的马尔马拉海。至此，“瓦良格”号航母顺利通过了长32千米、宽650～3 300米、深30～120米的博斯普鲁斯海峡。

11月3日，在爱琴海斯基罗斯岛附近的国际海域，由6艘拖船拖着的“瓦良格”号航母遭遇到了前所未有的风暴，它与拖船连接的拖缆相继被折断。这个数万吨的庞然大物就像一匹脱缰的野马，失去了控制，迷失了方向，横冲直撞向埃维亚岛方向漂去，甚至距该岛岸边只有80公里，情况非常危急。救援人员绞尽脑汁、拼尽全力拯救，直至11月7日，“瓦良格”

号才被3艘拖船和1艘希腊船的拖缆控制住。真是一波三折，有惊无险！

2002年3月3日，历尽艰险的“瓦良格”号航母终于抵达大连。早晨5时许，在6艘拖轮拖行及1艘引水船的带领下，“瓦良格”号航母离开了大连港外锚区，徐徐向内港进发。上午9时许，“瓦良格”号抵达内港。中午12时，“瓦良格”号安全靠泊到大连内港西区码头。

“瓦良格”号终于胜利结束了15 200海里航程、耗时4个月(123天)的艰难远航。

此时的“瓦良格”号，犹如一个久卧病床的老汉，斑驳的舰体，锈蚀的表皮，满目疮痍的建筑垃圾，叙述着它所历经的风雨沧桑。

“瓦良格”号的续建经历

2005年4月26日早上，当“瓦良格”号在大批拖轮的前呼后拥下，出现在公众视线中时，中国人沸腾起来了，为心中那个喷涌而出的想法。7月初，“瓦良格”号经过两个多月的“神秘”修整后停靠至大连造船厂的一个专用码头。此时，“瓦良格”号已经焕发出了新的面貌，水线上身穿解放军标准海军灰的新涂装，水线下换成了黑色环氧沥青船底防锈漆。表面上看似乎没什么大惊小怪的，然而漆的颜色却暗示了一切——中国海军已获得了该舰的所有权。

此后几年时间，“瓦良格”号似乎又

> 图93 在大连船厂的“瓦良格”号航母

陷入了沉寂之中。但是现在人们已经知道，平静的外表里面必然是大刀阔斧的内部建造，承担全面续建其内部系统的技术人员，就这样默默地陪伴着“瓦良格”号在码头度过了近四年的光阴。

2009年4月，沉寂了近4年的“瓦良格”号航母续建工程又开始忙碌起来了，她缓缓地在大连船舶重工新建的第三工场安上了家。又是接近11个月的修整，舷侧的俄文舰名“瓦良格”已被铲去，飞行甲板右舷的舰岛也进行了改造，安装了相控阵雷达基座，吊装了塔状桅杆，“瓦良格”号即将迎来新生。

2010年3月19日上午，“瓦良格”号在拖轮的推动下，离开了度过近11个月的船坞，停泊在距原船坞仅“一墙之隔”的30万吨南舾装码头，开展了一系列由里到外的全方位续建工作。船体舱室与外观进行了修整，飞行甲板上出现了新的可倒式护栏；船体原有的舷窗全部取消，内部舱室改为全封闭设计；舰岛涂装灰色的无机富锌底漆，烟囱涂成白色。动力系统也开始试运行，汽轮机组的锅炉开始点火吹管试运行。武器装备系统也已安装上。

2010年12月，“瓦良格”号上锚链筒的喷水孔开始喷水，标志着“瓦良格”号已进入系泊试验阶段。12月末，“瓦良格”号冒出蒸汽，开始动力系统试车。

2011年7月27日，中国庄严地向外宣布，中国正在对一艘被抛弃的未建成的航母平台进行改造，用于科研试验和训练。这也是中国在正式的场合第一次承认正在续建“瓦良格”号航母。中国终于要拥有自己的航母了！

> 图94 “瓦良格”号航母续建中的模样

> 图95 中国的第一艘航母辽宁舰

就这样，一步一步，“瓦良格”号按照航母续建要求，由上千家科研院所生产研制的上万套设备逐步上舰，众多科学家、工程师，以及专业工人在全国各地的生产线上连续几年时间的奋战，谱写了一首英雄赞歌。经过了一系列的试验与训练，辽宁舰终于登上了历史的舞台，成为中国海军装备史上的一大创举。

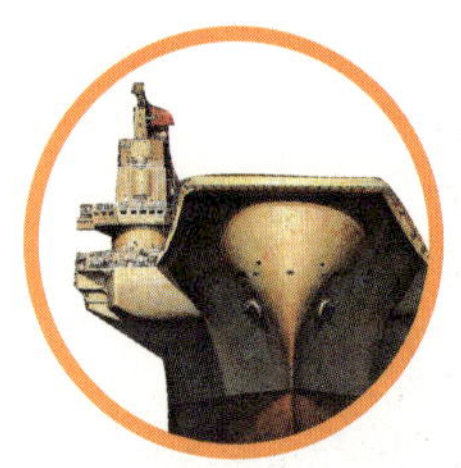

中国第一艘航母

辽宁舰简介

> 图96 中国航母辽宁舰（一）

"辽宁"号航母的官方名称为中国人民解放军海军辽宁舰，简称辽宁舰，舷号16，是中国的第一艘航母。

> 图97　中国航母辽宁舰（二）

2012年9月25日，和煦的阳光照在初秋的辽东半岛上，为一向忙碌的大连港平添了一种庄严的气氛。在大连造船厂的船坞码头上，一艘巨大的舰船悬挂满旗、身披戎装，舰上官兵精神抖擞、分区列队。10时许，在胡锦涛与温家宝两位领导人的亲临见证下，舰船被正式交付海军服役，中国第一艘航空母舰辽宁舰就此诞生。在航母问世一个世纪之际，中国终于成为联合国安理会最后一个拥有航母的常任理事国。交接入列仪式上，辽宁舰舰长张峥的一句话被媒体广为流传："历史将永远记住这一天，2012年9月25日，中国海军从此迈入航母时代。"

辽宁舰的诞生，是我军发展史上的一个重要里程碑，标志着我国航母建设取得了重大成果，标志着我军武器装备建设取得了重要进展，标志着国防现代化建设取

得了显著成就。

辽宁舰的诞生，对于振奋民族精神，激发爱国热情，鼓舞全党全军全国各族人民奋力夺取全面建成小康社会新胜利，开创中国特色社会主义事业新局面，具有重大而深远的意义。

辽宁舰的诞生，不仅仅是代表中国实现了航母零突破，中国军队增加了一个舰种，更是国家实力和军事实力明显提升的象征。

辽宁舰的英姿

辽宁舰满载排水量约6万吨，舰长300多米，舰宽70多米。从船底到桅杆最顶端，相当于20多层楼高。

辽宁舰可搭载战斗机、多用途直升机、反潜直升机、预警直升机以及舰载教练机等各型飞机。

辽宁舰舰艏采用滑跃式起飞甲板，滑跃跑道呈十几度的坡

> 图98 中国航母辽宁舰（三）

> 图99　中国航母辽宁舰的英姿

度。该舰左舷尾部降落跑道设有多道飞机降落阻拦索及应急阻拦网。岛式建筑位于飞行甲板右舷中部，前后各有一台在飞行甲板与机库之间运行的飞机升降机。

辽宁舰采用多台蒸汽轮机多轴推进，最大航速约30多节。

辽宁舰编制舰员额有数千人。与其他国家的航母一样，辽宁舰上也有女舰员。

由于辽宁舰舰员众多，其各种生活配套设施也十分完备，就连超市、邮局、健身房、酒吧都有，尽可能为舰员创造良好的工作、生活环境，最大限度地保障官兵的生理和心理健康。

命名与使命

世界各国对各自航母的命名都有不同的规则。美国以航母向总统致敬，比如“艾森豪威尔”号、“里根”号、“罗斯福”号、“布什”号。而法国、俄罗斯常以军政名人来命名，如法国的“戴高乐”号和俄罗斯的“库兹涅佐夫”号。

> 图100　中国航母辽宁舰上的舰载机

对于中国，为什么最终以“辽宁”号而不是此前人们猜测的“施琅”号、“毛泽东”号、“北京”号等命名中国第一艘航母呢？《海军舰艇命名条令》规定了各型舰艇命名：驱逐舰、护卫舰则以大、中

> 图101 中国辽宁舰上的直升机

城市命名，核潜艇以“长征”加序号命名，补给舰以湖泊命名，而巡洋舰以上的大型舰艇应以行政省(区、直辖市)或词组来命名。因此，中国第一艘航母以建造厂所在省份命名为“辽宁”号。与这个解释相比，现任辽宁舰政委李东友在《你的名字叫辽宁》诗中所寓意的“辽阔海疆守安宁”，这显然是一种别有深意的祝愿!

2013年11月26日，辽宁舰从青岛某军港解缆起航。在各类舰船的陪伴下赶赴南海，在南海附近海域开展了科研试验和

> 图102 辽宁舰编队

军事训练活动。这是辽宁舰入列后，首次组织的跨海区的长时间航行训练，是自冷战结束以来除美国海军外西太平洋地区最大的单国海上兵力集结演练。2016年12月15日，歼-15舰载机从辽宁舰上挂弹起飞，航母编队成功完成实际使用舰载武器演习，标志着中国航母编队初步形成战斗力。

辽宁舰入列6年以来，一步步成为了一艘具备作战能力的战斗舰艇。驶向深蓝，始终是中国海军航母编队的前进方向。

厨房

指纹识别

图103　辽宁舰内的舱室（一）

航母战斗力

航母必须在交付后进行单舰训练、编队训练等一系列的训练后才能形成一个完整的航母战斗群，这时候才能说航母的战斗力形成了。

辽宁舰内部舱室

与其他国家的大中型航母一样，辽宁舰的内部构造也十分复杂，飞行甲板以下就有10余层，全舰有3 000多个舱室，设备种类多、型号杂，电线与管线密如蛛网。仅电话、广播设备就达4 000余部。几乎任何一型涉及全舰的设备安装量都是以千为单位。电缆总长超过300万米，走在航母的任一通道中，成捆的电缆整齐密布头顶，形同经络联通、四通八达。

辽宁舰就像是一座小型城市，有数千名舰员生活在其中。进入辽宁舰内部，到处都是通道、舱室，整个航母内部的通道加起来总长度有数十千米，可想而知航母内部构造是多么复杂。在辽宁舰内部通行很容易迷路，必须遵守很多的规矩，比如说往舰艏位置走，要走左舷，就是靠左侧通行；要往舰艉的位置走，要走右舷，就是靠右侧通行；上下扶梯时，要遵守先上后下的规则等。

对于辽宁舰舰员，面临的第一阶段考核就是不迷路。在航母里行走记的不是路，也不是门，而是门牌号，根据门牌号可以轻松地解读出舰员所在的区域和所在的甲板层，准确地定好位。新兵上舰后必须在一个月内完成对所熟悉舱室路线的摸索，一般要求从他自己的生活舱到工作舱应在十分钟内走到。

舰上安检

取款机

值班室

休闲区

> 图104 辽宁舰内的舱室（二）

> 图105 辽宁舰舰载机降落

辽宁舰体积大、功能全、部署周期长，官兵就像是生活在一个小社区，与其他舰艇相比，舰员的生活条件要相对好一些，有现代化餐厅、超市、邮局、洗衣房、健身房、垃圾处理站等，这些以前不可想象的条件在航母上都变成了现实。

舰载机在舰上首次起降

2012年11月23日上午9时8分，是一个需要载入中国航母史册的重要时刻。在渤海湾，我国海军飞行员驾驶国产歼-15舰载机首次成功降落在辽宁舰上，这是我军战斗力建设进程中又一个新的历史坐标。从这一刻起，辽宁舰成为了一艘真正意义上的航母。这一刻歼-15舰载机轮胎划出的那道崭新的痕迹，是中国海军“刻”在大海上的永恒航迹，是我国国防科研人员和飞行员用勇敢和智慧完成的又一部“伟大的作品”。创造历史，我们理应自豪：这一刻，距离辽宁舰交接入列还不到2个月。回顾历史，我们必须清醒认识：这一刻，距离世界上飞机第一次成功着舰已过去了100年时间。

> 图106 舰载机

舰载机着舰

舰载机着舰是世界性技术难题，被称为“刀尖上的舞蹈”。这个“刀尖”到底有多窄？一架以200多千米/小时的速度飞行的战机，必须精准无误地钩住航母降落跑道上的一根阻拦索，有效着舰区宽度不到40米。想想这个“舞蹈”有多难！海

上的风浪在“动”，忽大忽小；航母在动，随风浪摇摆；飞机也在动，不断在空中调整姿态。舰载机着舰，就好比是“在高速晃动中玩穿针引线的细活儿”，稍有失误，就是机毁人亡。

为了保障第一次着舰的飞行安全，许多科技工作者在现场进行“保驾护航”。中国只用两年时间就完成了国外需要六七年才能掌握的舰载机降落航母的飞行技术。歼–15舰载机在辽宁舰上的首次降落，向世界展示的，不仅是我国在航母技术上的突破创新，更是新时期我国科技工作者和军人的勇敢与无畏。

惊天一落举重若轻

“清理飞行甲板！”2012年11月23日清晨7时，一声号令拉开了精彩的大幕。从舰岛3层左舷外侧往下望去，穿着五颜六色马甲的保障官兵排成长长两排，沿着甲板一步步搜索检查——舰载机着舰时，飞行甲板不能有任何异物。

此时，海风很大，瞬间就能把整个身体吹个透心凉，但众人无惧寒冷、翘首以盼。突然，云层中传来轰鸣声，顺着声音望去，一架米黄色的战机出现在远方的视线中。

> 图108 官兵们在忘我工作中

> 图107 精细的舰载机着舰

> 图109 辽宁舰舰载机着舰（一）

只见歼–15舰载机先是绕舰飞行一周，不断降低高度，调整姿态。轰鸣声由远及近，犹如催征战鼓，越来越响。天上战机在飞，舰上官兵在忙：指挥塔台内，指挥员全神贯注；舰艉左舷，着舰指挥官通过对空电台下达口令；甲板下阻拦机舱里，阻拦班长快速输入数据；起降电视监控室里，班长认真监控歼–15舰载机下滑的一举一动；甲板上，身穿各种颜色马甲的保障人员各就其位……舰载机着舰，是个庞大的系统，哪一个环节出现失误都不行。难怪第一个着舰的飞行员戴明盟说："我不是一个人在飞行！"

很快，进入最后着舰航程。20秒！这疾风闪电般的着舰瞬间所蕴含的风险和难度。可想而知，有多么惊心动魄！

> 图110 辽宁舰舰载机着舰（二）

辽宁舰设有4根阻拦索。"嘭！"战机精确钩住第二根阻拦索，稳稳降落在甲板上。正所谓惊天一落，举重若轻。着舰指挥官当场给飞行员的表现打了个满分。掌声雷动！科研人员心中的压力在这一瞬间释放出来，变成了喜悦。人们涌向了停在甲板上的战机，拥着走出机舱的飞行员共庆此刻。

风驰电掣滑跃起飞

阳光下，在辽宁舰10多度的滑跃起飞跑道上，第一次出现了舰载机的身影。在飞机着舰大约3个小时后，飞行员驾驶歼–15战机准备起飞！战机开动，轰鸣声响彻海天。身着黄色马甲的引导人员展开双臂，来回开合，用手势示意飞行员展开机翼；身着绿色马甲的起飞设备检查人员蹲在甲板上，伸出右手，竖起大拇指，表示检查完毕……

> 图112　舰面工作人员发出起飞手势

穿着五颜六色的马甲，打着丰富多样的各种手势，官兵们如同在飞行甲板上演精彩的青春协作曲，折射出海军第一代航母人的科学管理之道。航母上系统庞大，结构复杂，装备、设备有数万台（套），如果没有科学管理的机制，航母很难保证高效运行。

> 图111　舰载机起飞准备中

歼–15舰载机在穿黄色马甲工作人员的接力引导下，滑行至起飞位。止动轮挡、喷气偏流板升起，飞行员加大油门，淡蓝色的尾焰呼呼作响，整个甲板都颤抖了！在甲板左舷外侧的起飞站，起飞区队长双手紧紧按在止动轮挡和喷气偏流板控制箱上，止动轮挡释放器按下，只听

> 图114 舰载机起飞（二）

> 图115 舰载机起飞（三）

> 图113 舰载机起飞（一）

> 图116 舰载机起飞（四）

"砰"的一声，飞机快速冲向舰艏滑跃甲板，舰载机就如离弦之箭飞离甲板。这是我海军固定翼舰载机首次从航母上起飞，火花飞舞，引擎轰鸣。

甲板上的七彩青春——航空保障官兵

与世界各国航母"最危险的4.5英亩"一样，辽宁舰飞行甲板也设有数十个航空保障专业岗位。航空官兵们身穿红、紫、棕、黄、绿等不同颜色的七彩工作服，在飞行甲板上忙碌着各类飞机保障作业，将冰冷的钢制甲板点缀得生机盎然。七彩的服饰直观、形象地区别了不同航空官兵们的专业岗位，也形成了具有我国航母特色的航空保障模式。

每天，航空官兵们身穿彩色工作服，站在威武宽敞的飞行甲板，听涛声合奏，看潮起潮落，赏日出月落，往往为一帮"驴友"们所钦羡。然而，那"被钦羡"的背后是什么？每天他们需要提前就位进行全天的飞行准备工作，舰载机牵引调运、系留加固，阻拦索、偏流板等设备的一系列操作，每一项工作都要一丝不苟、有条不紊。因此在他们平凡工作的背后，是不为人所知的艰辛与危险。

航空保障必修课——排除甲板异物。在舰载机起降部署开始前，航空保障人员首先忙碌起来。甲板异物排查是保障飞行安全的第一道防线，也是航空保障每天的"必修课"。他们一字排开，弯着腰，低着头，非常仔细地检查甲板，彻底清除有可能被吸入飞机发动机的任何异物——金属

> 图117 战斗机滑跃起飞前航空保障人员忙碌的场景

弹药兵转运弹药

起飞助理放飞"歼-15"舰载机

> 图118 起飞前的准备工作

正在待命的油料保障员

飞机调度员在指挥转运舰载机

> 图119　忙碌的舰面工作（一）

阻拦索检查员在查看阻拦索复位情况

安全员时刻观察飞行甲板情况

> 图120　忙碌的舰面工作（二）

片、螺丝钉、弹簧等，防备随时可能出现的险情。为确保万无一失，他们要来来回回排查好几遍。

航空保障的考验——经受恶劣环境的挑战。噪声污染是航空保障人员面临的第一道考验。飞机起飞、降落时所产生的噪声，大到几乎可以让心脏跳出来，已无法用合适的分贝值来衡量，但航空人员全然不顾，暴露在飞行甲板上，穿梭在舰载机和牵引车之间。舰载机起降训练时，航母要逆风而行，天气恶劣的时候，航空保障人员需要身体倾斜20度才能在甲板上行走，如果不戴防风镜，眼泪会喷涌而出。寒冷的季节，飞行甲板上尤其寒冷，即使身着厚重的棉服，也会冻得瑟瑟发抖。航空保障人员就是这样顶着噪声、寒冷等所有一切不利的条件，全然不顾、默默无闻、精益求精地开展着每一项工作。

航母上的“七彩人”就这样不分日夜地演绎着一个个生动的中国航母人的故事，我们为你们骄傲，向你们致敬！

强国征程——迈向海上强国之重要一步

辽宁舰是所有中国人的骄傲！她的出

舰载机即将滑跃起飞

航空保障人员目送舰载机出征

> 图121 忙碌的舰面工作（三）

高强度的飞行保障让机务官员十分疲劳，趁着战机起降间隙赶紧睡一会儿

歼-15舰载机成功起降背后，有一大批航空保障人员在默默付出

> 图123 默默付出的航空保障人员

现实现了中国航母零的突破、质的飞跃，成为了中国踏上“航母大国”之路的里程碑，标志着我国向着海上强国的目标迈出了重要一步，将把中国带上成为海上强国的征程。

发展航母一直是中国海军的远大梦想，现在我们终于拥有了，这意味着我们具有了岸基航空兵作战半径外的防御能力，意

> 图122 止动轮挡观察员协助起飞助理引导舰载机进入

> 图124 辽宁舰在航行中（一）

> 图125 辽宁舰在航行中（二）

味着我们增强了远海作战能力和海上体系对抗能力，是中国海军装备建设的一个跃升，对于提高海军综合作战力量现代化水平，拉动我国国防工业、造船业，特别是对我国的经济发展、科技实力提升、国防实力的增强，都具有深远意义。

辽宁舰就如同一颗破土而出的“种子”，使我们可以对一些尚不成熟的技术进行试验，也可以对舰员进行培养。相信在不久的将来，这颗种子必将开花结果，中国航母事业将欣欣向荣。

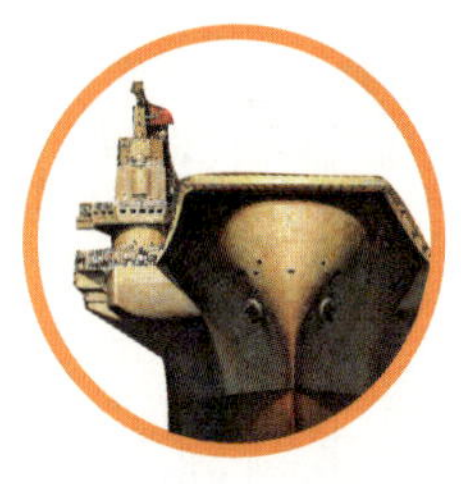

中国航母的发展

中国第二艘航母——首艘国产航母

中国目前正在紧锣密鼓研制中的第二艘航母是由中国完全自主设计、自主配套、自主建造的“纯中国血统”的国产航母。排水量约6万吨级，采用常规动力装置，搭载歼–15和其他型号舰载机，2013年开工，2017年4月下水。中国首艘国产

> 图126 中国第二艘航母下水（一）

图127 中国第二艘航母下水（二）

航母下水标志着中国终于跻身于世界少数几个能自主建造航母的国家，航母的建造速度在全世界航母建造史上首屈一指。大量的创新设计和精密制造，让首艘国产航母格外引人注目。首艘国产航母的建造，是军民深度融合、科技创新的典范。

中国首艘国产航母在外形上大致与辽宁舰相似，但作为中国自行研制建造的第一艘航母，它吸收了辽宁舰科研试验和训练的有益试验，无论是在技术成熟度、总体性能上，还是在未来训练作战使用上，新型国产航母相比于辽宁舰都更胜一筹，绝非西方所说的“俄制航母的山寨版”。在中国海军航母的发展历史上，这一艘航母的意义将丝毫不比辽宁舰逊色，标志着中国国防实力迈向新阶段，象征国家的军事建设迈向一个新的里程碑。

对于一个国家，航母的建造绝不简单，军事界也有“百年航母”之说，可以说航母的建造代表着海军装备建设的最高水准。我国在航母建设上相比于美、英等航母大国发展晚了几十年，许多方面都缺乏相关经验。可以说，如果没有工程师、技术人员不断发扬着中国“智”造的“工匠精神”，攻克一个个技术难关，这一“大国重器”不会那么快地与我们相见。

航母的建造

航母的建造可分为开工、下水、系泊试验、海上试验、最终交付等环节。目前，我国首艘国产航母正处于海上试验这个环节。而航母完成建造并不等于形成了战斗力。

2018年4月23日，就在中国海军迎来69岁生日之际，首艘国产航母在多艘拖船的簇拥下，离开了所停泊的大连造船厂舾装码头，为即将开启的首次试航之旅加紧做足准备，标志着中国即将打开双航母时代的大门。这将是中国海军史上的又一座丰碑，中国不能建造航母已成为历史。

为中国航母无私奉献的人

在中国航母的史册上，记录着那么一批默默无闻、无私奉献的科学工作者，他们有着“建功必定有我”的决心、“功成不必有我”的胸怀，用一颗颗赤子雄心点亮了中国的航母之梦。

总设计师朱英富及其团队

研制航母并非易事。朱英富是辽宁舰总设计师，是著名舰船工程专家、中国工程院院士。他大学毕业后一直战斗在舰船研发设计第一线，曾担任过三个大型号舰船的总设计师。上级决定利用废弃“瓦良格”号的船体建造我国第一艘航母。“瓦良格”号拖来时就像一栋“烂尾楼”，几乎就是一个空壳体，刚开始不知怎么办才好。因为之前从来没有接触过航母设计，没有图纸，没有规范，没有经验。中国虽然有建造舰船的经验，但建造这么大的舰船跟造其他船还是有很大差异的。打个比方，建造驱逐舰像建造一栋大楼，而建造航空母舰像建设一个小区，整个配套、运转都不一样，涉及许多新的设计理念。他带领设计团队按照新船研制的流程，从方案设计、技术设计、施工设计，一段一段地把航母研究和建造走了一个全过程。

在辽宁舰研制过程中，中国军工企业特有的团结、拼搏、奉献精神始终激励着他们。例如有一个系统从策划、设计、安装、生产，再到试验一共花了五年多的时间，没有一个节假日，“五一”、“十一”、春节，设计团队全在现场。一位副总设计师爱人患重病，他没有时间陪同，爱人去世也没有见上最后一面。

为建造中国第一艘航母，全国1 000余家厂所参加研制，众多科学家、工程师、工人团结奋战，终于研发建造出了中国第一艘航母，充分显示了中国特色社会主义制度的优越性。

许多中国人心中都有一个航母梦。航母梦背后是中国人对于海权的向往，是中国人对于强大国防的向往，更是中国人对于强大中国的向往。

铸造长空利剑的雄鹰——罗阳

罗阳，歼-15舰载机研制现场总指挥，是中国航母研制团队中闪亮的一颗红星。

作为一名共产党员、飞机研究制造专家和带头人，多年来，他夙兴夜寐，一心扑在事业上，不惧艰难困苦，带领团队克服了研制过程中一个个难关，实现了多个重点新研型号的成功首飞和设计定型，圆满完成了党和国家赋予的各项型号研制任务，为我国国防武器装备的升级换代和空、海军战略转型作出了重大贡献，得到了上级领导的多次表扬，并荣获国家科技进步特等奖。

> 图128　2012年11月21日，罗阳在歼–15舰载机训练现场

> 图129　工作中的罗阳（一）

研制航母舰载战斗机，中国是一张白纸，从零起步。他说：国之重器的核心技术是买不到的，必须靠自己，中国的航母上不能没有我们自己的战斗机，我们自己干！外国人能干成的事，我们中国人同样能干成，而且还能干得更好！

作为舰载机研制现场总指挥，他带领科技人员深入实际，通过调研论证，掌握大量的数据之后，提前介入设计。而后将设计延伸到制造，形成厂和所、设计和制造一体化态势，各方密切协作配合，保证了研制项目的快速突破、快速进展。在他的带领下，研制团队突破了几百项关键技术，攻克了一道道技术难关！

如研制折叠机翼，技术难度大。在罗阳带领下，研制方案改了一遍又一遍，零部件做了一套又一套，一次次地从头做起，拔掉了一颗颗技术“钉子”。中国人终于为自己的舰载机插上了折叠自如的灵活翅膀！

罗阳对工作一丝不苟，在进行阻拦系统综合试验时，有个部件出现故障。有的同志认为，这只是一个偶然事件，更换新部件就行了。罗阳说，细节决定成败，绝不能这么简单下结论，故障原因一定要查清楚，不能有一丝一毫含糊！他连夜启动设计制造全过程普查，将普查结果进行对比分析，最后发现故障并非偶然，原因在于对设计思想理解不到位，造成批次产品存在不确定因素，如果只是换换部件，做简单处理，就会留下致命隐患。最后，这个部件重新研制，达到了完全可靠。从此以后，试验中无论出现什么故障，大家都会想起罗阳说过的话，不把故障原因追查清楚决不罢休。

他心中有目标，那就是研制新机飞向蓝天。罗阳要求研制团队全过程参加起降试验，他说，这好比我们的孩子，就要上考场了，我们一定要盯到底、跟到位，确

> 图130 工作中的罗阳（二）

保它的最佳状态。这是检验我们成果的时候，一定到位，决不能马虎。他组织研制团队多次长时间到现场跟随飞机试训，详细记录，了解飞机功能性能状况，针对试飞遇到的问题，研究改进技术。当他听飞行员说，操控油门杆有些不适，就马上组织调整，直到飞行员感觉最舒适为止，终于，歼-15舰载机成功着舰、滑跃起飞！

辽宁舰建成后，有外媒预测，中国的舰载机要实现舰上起降，至少还需一年半时间。而刚刚过去两个月，我们的歼-15舰载机就实现了在辽宁舰上的成功起降，创造了航母工程历史上的奇迹。我们成功了！中国人终于有了自己的舰载机！这些都与罗阳及他的研制团队密不可分。人们都说，看到罗阳就懂得了什么叫共和国航空工业的脊梁。在他身上，体现了航空人攻坚克难、勇攀高峰的报国情怀，体现了军工人恪尽职守、忘我奉献的品德，体现了军工人淡泊名利的精神境界，体现了共产党员为国为民、奋斗不息的精神风貌。

为了国家的强大，有多少个像罗阳那样的优秀党员，追求卓越、勇攀高峰。他们的事迹永远铭刻在祖国的丰碑上！

航母舰载机飞行员——张超

航母被称为“国之重器”，是强大海军必不可少的组成部分。2013年4月，海军某舰载航空兵部队一级飞行员张超在执行训练任务时，为保战机错过最佳跳伞时间，不幸壮烈牺牲。他是为中国航母舰载机事业殉职的第一位飞行员，我们应该永远记住这些为国家、为民族而献身的英雄！

张超是位优秀的三代机飞行员，先后驾驶过6种机型，执行重大演习演练任务10多次，他的英雄事迹震惊山河大地，让人悲切泪奔。他妻子回忆说：我和张超相识相爱6年，有一个宝贝女儿，有一个幸福而温馨的家，对未来的日子做过很多美好的规划。然而，在执行任务时，他突然走了，带走了对我和家庭的全部承诺，没有留下一句嘱托。我虽悲痛，却为他的英勇壮举感到骄傲！我曾是国航的一名乘务员，和张超因蓝天而相识，因飞行而结缘。

结婚后，他们分居两地，他爱人在杭州，张超在海南，因为工作而见面的机会很少。他爱人曾经想让张超转业随她去民航，待遇好、安全系数高，一家人还能常在一起。在这个问题上，无论怎样激烈争辩，张超从未动过心。有一次张超在杭州疗养，他爱人特意把张超推荐给公司领导，领导十分欣赏张超的才华，希望张超来民航发展，没想到张超当面谢绝了。张超说作为一名军人，应从祖国安全着想，也应以战死沙场为荣。回到家张超关切地对爱人说：“如果所有飞行员都飞民航，谁来保卫我们的国家？没有强大的国防，哪有祖国的安全，哪有民航满世界安全飞行。”

他爱人说，与张超相处这些年，感觉他这个人爱飞行真是爱到骨子里。每次打电话，三句不离本行，只要聊到飞行就特别兴奋。

2010年初，海军选拔航母舰载机飞行员，张超知道消息后第一个报名。当时，他们刚把家安顿好，女儿还不满一岁，离开熟悉的海南，要跨越大半个中国去北方。他爱人说，我确实很不情愿，但我知道驾驶舰载机是他的梦想，我不能拖后腿。张超调到舰载机部队后，他们又开始两地分居。他爱人一直想去部队看看，张超总说训练太忙，不让他爱人过去。

2013年4月，终于约好去部队过五一，他爱人到北京后就意外地被部队的人接下车，他们告诉她，张超正在医院抢救，要她做好思想准备。她到了医院一看那么多人，吓坏了，发疯地问：“张超到底怎么了？他在哪里，我必须见到他”。她相信，真情会让人不离不弃，张超不会离开她。她到了殡仪馆，看到张超静静地躺在那里，她一下扑到张超的身上，四岁的女儿看到灵堂上爸爸的照片，哭喊着：“我要找爸爸！”女儿稚嫩的哭声刺痛了每个人，

> 图131　航母舰载机飞行员——张超

大厅里哭成一片。她把女儿抱到张超的遗体旁，对她说："孩子不哭，爸爸飞行太累了，不要打扰爸爸睡觉觉。"

张超走了，他把所有的骄傲留给了亲人、留给了航母事业。他虽走了，但他的战友们踏着他的足迹，继续在为祖国的航母事业而奋力拼搏！

奋战一线的巾帼设计师——李媛

电影《壮志凌云》中，飞行员驾驶F-14舰载机从航母上弹射起飞、定点着舰的场面让李媛热血澎湃。十几年后，《壮志凌云》现实版在她身旁上演。

李媛是辽宁舰某关键装置的主管设计师。她的团队是开疆拓土的一群人。看上去是简单的设备，但它的背后是一套庞大的系统。

为了国之重任，为了研究这个装置，李媛及设计团队是第一个吃螃蟹的人，因为没有任何可借鉴的资料，一切要从零开始，独辟蹊径，走出自己新的研制道路。于是工科出身的李媛重新学习跨专业的新知识，她常说"越是困难的时候，越能激发钻研精神"。这个装置是整个计划的一部分，完不成要拖整个航母任务的后腿。她和同事们一天工作8小时远远不够，加班加点无节假日的工作成了李媛和团队的真实写照。

> 图133 工作中的李媛

> 图132 李媛及其团队照片

作为航母上为数不多的女性，李媛表现出坚韧不拔的一面。在建造阶段，走进40摄氏度以上的舰舱，就像在烤烧饼的炉子里，滚滚热浪扑面而来，汗水浸湿全身。李媛却说："汗水浸透的是我们的皮肤和衣服，同时也滋润着每个为航母献身者

的心田。”进入舰舱，耳旁全是金属切割声、打磨声，烟雾、粉尘、异味将你团团包围。舰内墙上全是裸露的钢钉，行走时要“步步为营”，特别小心。有一种防火材料纤维飘浮在空中，每个人都要全副武装，因为那种物质吸入肺中容易致癌；不小心扎进毛孔里，则又疼又痒又肿胀。李媛不怕艰苦，经常出入在这样的工作环境中，为的就是早日研制出合格装置。

李媛有股越是困难越向前的精神气概。为了掌握更多的数据样本，她和团队需要在恶劣海况下进行试验。有一次，海区迎来了大风降温天气和极端海况，随着舰的高速航行，试验区域接近飓风风速。“一踏上试验区域，人就会被狂风吹得倒退几步，身体必须弓着，与地面成夹角才能保持平衡。”然而，就在这种危险的环境下，李媛说他们当时的心情竟然也是“兴奋”的，“因为在极端情况下是测试设备稳定性最好的机会”。

每当有任务下来，李媛就没有节假日和休息时间。李媛最长的一次工作时间是连续28天在这艘舰上。下舰时，小战士对她拱拱手，开玩笑地说：“媛姐，我们敬你是条硬汉子。”确实，在这条舰上没有女神，只有女汉子。

> 图134　李媛（左二）团队

还有一次试验过程中，由于整个工程提前，留给李媛团队的安装时间仅一个月，而安装场地却还在建设中。距离他们几百米远的地方正在爆破，调试用电得不到保障，人身安全有一定的危险性，需要格外当心。有人担心地说，这个节点的任务怕是保不住了。可李媛不信，偏要做好这个看似不可能完成的任务。

李媛采取团队与场地建设错峰而行，白天场地不能用，就利用晚上调试。可那一年正逢北方低温，连日下雪，路上的雪没过膝盖，入夜后气温更是零下30摄氏度的低温，就连焊接电线都得在旁边生个小火炉，不然烙铁温度上不去。虽然环境恶劣，但最终克服困难保住了这个重要的工作节点，顺利完成了任务。部队领导竖起大拇指说："你们就是不穿军装的军人，有硬气和闯劲！"

凭借辽宁舰工程的出色表现，李媛所在的专项工程团队连续两次获得"全国工人先锋号"称号，李媛本人也入选2016年感动上海十大人物，是航母科技团队中当之无愧的"巾帼英雄"。

中国从没有航母到成长为能自主研制航母的国家，一步一个脚印走过了一个完整的实践过程，取得了许多宝贵的经验，培养了一支技术队伍。时至今日，我们可以自信地讲，我国已具备了自行研制国产航母的能力。

> 图135　中国的航母事业在前行

063

第5章

航母分类、任务与特点

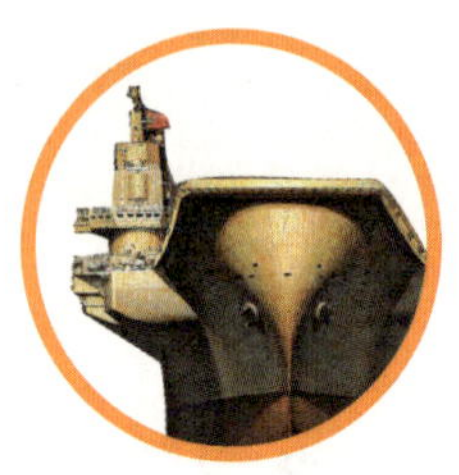

各有特点，各成体系

航母的分类

航母经历了一个世纪的洗礼，建造的种类多种多样，分类也各有不同，但目前主要有以下几种分类方法。

按排水量的大小进行分类

按排水量的大小，可以将航母分为大型航母、中型航母和小型航母。在航母各种分类方法中，这种称呼最为常用，也最为直观。

大型航母

大型航母是指满载排水量在6万吨以上的航母（满载排水量9万吨级以上的航母还可称为超级航母），一般多为多用途或攻击型航母，可担任远洋作战、全球部署，执行防空、反舰、反潜、预警、侦察及对地攻击等任务，作战范围在800～1 000公里。

大型航母一般以搭载固定翼常规起降

大型航母

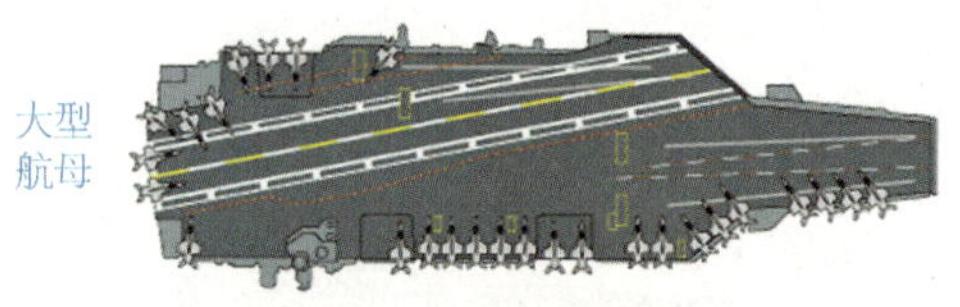

中型航母

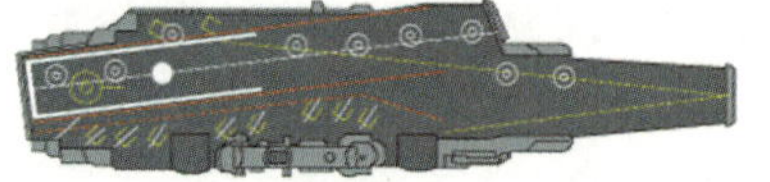

小型航母

> 图136 从直观上判断航母的排水量分类

> 图137 美国大型核动力航母——“企业”号

飞机为主，可搭载各类舰载机60～100架。大型航母以美国现役核动力航母为典型代表。

中型航母

中型航母是指满载排水量为3万～6万吨的航母，可担任中远海部署，承担编队防空、预警、反舰、反潜及对地攻击等作战任务，作战范围在400～800公里。

中型航母以搭载固定翼常规起降飞机或垂直/短距起降飞机为主，可搭载各类舰载机20～60架。

俄罗斯的“库兹涅佐夫”号航母、我国的“辽宁”号航母、法国的“戴高乐”号航母是中型航母的典型代表。

小型航母

小型航母亦称轻型航母，是指满载排水量在1万～3万吨的航母，可担任近中海部署，承担防空、反舰、反潜、预警、护航以及运送登陆兵等任务，作战范围在200～400公里。

小型航母以搭载垂直/短距起降飞机和直升机为主，可搭载各类舰载机约15～30架。例如英国的“卓越”号、意大利的“加富尔”号航母均为小型航母。

> 图138 中国“辽宁”号中型航母

> 图139 意大利“加富尔”号小型航母

按动力装置的类型进行分类

按动力装置的类型进行分类，可以将航母分为核动力航母和常规动力航母。

核动力航母

核动力航母是以核能为推进动力源的航母，续航力强，作战环境下无须补充燃油，具有全天候、全球远洋的作战能力。目前，美国所有现役航母均采用核动力装置，而法国是第二个拥有核动力航母的国家。

> 图140 法国“戴高乐”号核动力航母

常规动力航母

常规动力航母是以蒸汽轮机或燃气轮机为基本动力的航母，需要携带大量的燃油。常规动力具有运行可靠、工作稳定、技术成熟等特点。一般中小型航母采用常规动力，例如我国的“辽宁”号航母采用常规蒸汽动力，英国的“伊丽莎白女王”号航母则采用了常规燃气动力。

> 图141 中国“辽宁”号常规蒸汽动力航母

按所担负的任务进行分类

按所担负的任务进行分类，可以分为攻击型航母、反潜航母和多用途航母。

攻击型航母

攻击型航母是以舰载攻击机、战斗机为主要武器的航母。

反潜航母

反潜航母是以舰载反潜飞机和反潜直升机为主要武器的航母。

多用途航母

多用途航母可搭载舰载攻击机、战斗机(歼击机)、预警机、反潜机、电子战飞机、运输直升机、加油机等各种多型舰载机，能担负攻击、反潜等多种作战任务。

这种分类在二战中较为常用，因为按照当时的海上作战需求，只能在短时间内

建造出满足一定任务功能的航母。但现代航母一般是多用途航母，所以这种分类方法现在基本已不再适用。

按舰载机的起降方式进行分类

按舰载机的起降方式进行分类，可将航母分为常规起降航母和垂直/短距起降航母。

常规起降航母

常规起降航母是指搭载采用常规起降方式的固定翼飞机的航母。常规起降方式是常规起飞方式与常规降落方式的组合。

常规起飞方式 有滑跃起飞与弹射起飞两种。

滑跃起飞方式是依托航母的上翘式滑跃跑道，使起飞飞机获得一个向上的动量，从而在较短距离内实现飞机的自主式滑跃起飞。航母上实现滑跃起飞需具备两个条件：一是航母飞行甲板首端需设置专门用于起飞的上翘式滑跃跑道；二是舰载机应具有很强的推力，即相当大的推重比（飞机的推力与其重量之比），以产生足够的升力。目前来看，滑跃起飞方式的航母有一个“致命伤”，即无法起飞现今推重比较小的固定翼预警机，因此滑跃起飞航母成了“近视眼”。尽管依托预警直升机可以起到一定的改善“视力”的作用，但是与能够搭载固定翼预警机的航母相比，其作战范围要小、战斗力要弱。

> 图142 二战时期的攻击型航母

弹射起飞方式是借助弹射装置起飞舰载机的方式。现代航母普遍采用喷气式舰载机，需要加速到约270千米/小时才能起飞，在航母两三百米长的飞行甲板上，靠飞机的自主滑行是无法达到这个速度的，因此使用弹射器是一个不错的选择。

目前世界现役航母中采用弹射技术的国家有美国与法国，但法国“戴高乐”号上的蒸汽弹射器是引进自美国，而美国“福特”号航母已采用了最先进的电磁弹射技术。

此外，滑跃加弹射的混合起飞方式也引起了英、法等国家的关注。英国航母在论证过程中曾探讨过采用这种混合起飞方式的可能性，“伊丽莎白女王”号航母上目前采用的是滑跃起飞方式，但考虑了未来加装弹射器以搭载常规起降飞机的可能性。

常规降落方式 指采用阻拦索/阻拦网进行降落的方式。目前，搭载固定翼舰载机的航母一般都采用这种降落方式，如美国、法国、俄罗斯、中国等国家的航母。

> 图143 “辽宁”号航母的上翘式滑跃起飞跑道

> 图144 “戴高乐”号航母俯视图（艏部左舷及斜角甲板各一条弹射跑道）

垂直／短距起降航母

垂直／短距起降航母是以舰载垂直／短距起降飞机为主要武器的航母，主要担负海上巡逻、舰队防空、攻击海上目标、侦察与反潜等任务，通常舰艏为直通滑跃起飞甲板，不设飞机弹射起飞装置和阻拦着舰装置，如果搭载直升机则又称为直升机航母。

相比而言，垂直／短距起降飞机的航程和有效载荷能力不如常规起降的固定翼舰载机，从而削弱了作战能力，但随着航空技术的迅猛发展，这些能力的差距正在

> 图145 中国航母航行图（斜角甲板采用4道阻拦索）

> 图146 英国“伊丽莎白女王”号航母为垂直/短距起降航母

逐步缩小。可想而知，未来垂直/短距起降航母也会是一种发展趋势。

纵观航母发展史，航母的分类很难一概而论。因为不同的国家在航母的不同发展时期，都有其充满内涵的航母分类方式。

英国，作为二战时的航母大国，当时把航母主要分为舰队航母、轻型航母与护航航母，与美国二战时极为相似。20世纪50—70年代，英国又把航母分为舰队航母、突击队母舰和反潜航母（后两者只搭载直升机）。20世纪70年代末，在最后一艘舰队航母退役后，英国把新造的无敌级轻型航母曾经称为“指挥巡洋舰”“全

> 图147 美国现役“超级航母”

> 图148 英国伊丽莎白女王级航母

通甲板巡洋舰”或“支援航母”。现在英国已迈入了伊丽莎白女王级多用途航母的新时代。

> 图149 苏联基辅级航母

小贴士

美国海军的航母分类

美国海军，在二战时把航母分为航空母舰（CV）、轻型航母（CVL）、护航航母（CVE）等类型，如约克城级、列克星敦级和埃塞克斯级为航空母舰，由轻巡洋舰应急改造而成的独立级航母为轻型航母，由商船、货船、油船改装为更简单廉价的长岛级、军马级和科芒斯曼特湾级等航母为护航航母。二战结束时，还曾一度把中途岛级航母称为大型航母（CVB）。到20世纪50年代，美国海军根据用途将航母分为攻击航母（CVA）和反潜航母（CVS），后者的典型代表是二战建造的埃塞克斯级航母。到20世纪70年代中期，美国海军把功能单一的专用航母改为多用途航母。目前，美国海军的现役航母均为多用途航母。

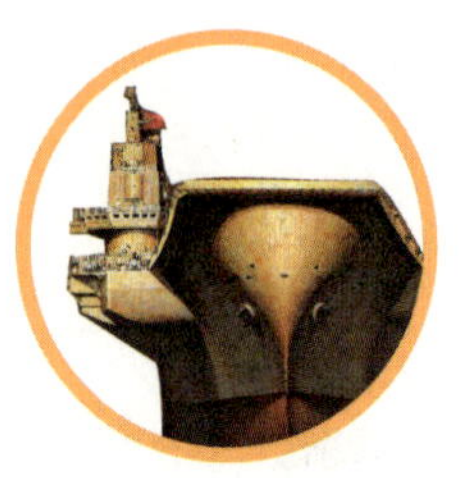

各司其职、发挥最强威力

航母的任务

现代航母以其突出的制海、制空和对岸攻击能力，被视为强国海军水面作战力量的核心。依靠航母，一个国家可以在远离本国国土的地方，不依靠陆地机场，进行局部作战或军事威慑。因此，在现代战争中航母发挥着举足轻重的作用。

夺取海上制空权、制海权

对于现代海战，夺取海上制空权、制海权无疑是赢得战争的关键所在。而航母编队作为一种进攻性的力量，每小时可以搜索十几万平方公里的海域面积，利用舰载机可以进行1 000余平方公里的海空域进攻作战，可以将敌方空中、水面和水下的威胁一举歼灭，把海上制空权、制海权牢牢把握在手。

近些年的几场海上高技术局部战争更进一步证实了航母编队对夺取海上制空权的重要性。2003年3月伊拉克战争爆发前夕，以美国为首的联军在海湾地区部署了6支航母编队及400多架各型舰载机，依托强大的对空和对地攻击能力，联军牢牢掌握了制空权，而制海权的夺取也就顺理成章了。

实施精准对岸闪击

自20世纪80年代以来，航母编队越来越青睐“外科手术式”远程精准打击，以此组织袭岸作战，而且屡试不爽。1986年美国航母编队两次对利比亚舰艇和陆基目标的精准闪击开创了这一全新战术。进

> 图150 美国航母夺取制空权、制海权

入21世纪，美国海军这方面的应用更是普遍与娴熟，无论是在科索沃战争、阿富汗战争，还是伊拉克战争，都把对岸突袭作战行动运用得游刃有余。

> 图151　执行任务中的航母编队

实施军事威慑

在现代海战场上，航母编队运用的最高境界莫过于“不战而屈人之兵”，就像是一头猛虎，“嗷”的一声，通过彰显自身的威力，提前震慑住“猎物”，使“猎物”不敢轻举妄动或者乖乖就范。美国的航母编队运用这一战术最为纯熟。

1991年的海湾战争中，美国在海湾地区云集了六七艘航母，从东、西、南三个方向对伊拉克形成合围态势，从而对伊拉克构成了强大的威慑作用。

1962年古巴导弹危机，美国出动了8艘航母及近200艘舰艇，对苏联向古巴运

外科手术式打击

外科手术式打击（surgical strike）是指采用精确火力从远距离对某一特定目标实施突然打击，彻底瘫痪或摧毁目标，以达到特殊的政治、经济、军事目的。与外科手术式打击相对的是地毯式轰炸，外科手术式打击可以避免大规模地毯式轰炸所造成的大量无辜伤亡及不必要的建筑物损毁。

> 图152 航母编队的强大威慑力

送导弹的船只强行检查。面对美国前所未有的海空压力，当时的苏联政府被迫低头，屈辱性地撤出了导弹。这就是强大航母编队威慑所致。

实施海上封锁

航母具有高度机动能力，攻防兼备，随时可以赶往危机地区，进行海上封锁，以达到其政治、经济和军事目的。1983年10月，美国海军“独立”号航母编队对小岛国家格林纳达实行封锁，仅用7天时间，便迫使格林纳达就范，从而达到了侵占目的。

> 图153 美国“独立”号航母

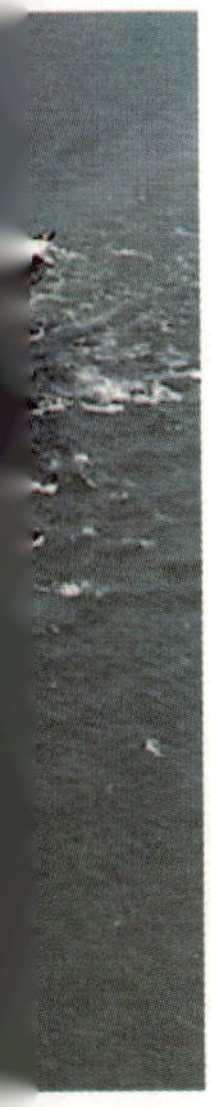

保护海上交通线

航母强大的制空、制海能力往往会使一般的水面舰船望而却步，所以有时它也可充当保镖的角色，通过在海上交通线附近巡游，以保护沿线运输船只的安全与畅通。海湾战争期间，从美国东海岸到沙特阿拉伯的距离长达1万多公里，而美国绝大部分的战略物资都是通过这一海上运输线到达战区的。试想一下，若没有航母保护这条海上交通线，这些战略物资如何能安全到达战区？

此外，航母还可以作为一个国家的形象代表出使访问，在灾害发生时执行撤侨、救灾等任务。

总之，航母独有的先天优势使得它可以承担多样化任务。

小贴士

美国“独立”号航母

“独立”号航母为福莱斯特级的4号舰，1959年服役1998年退役，标准排水量约61 000吨，总长326.1米，总宽82.3米，采用常规蒸汽动力，总功率28万马力，航速约33节。典型工况可搭载舰载机69架。

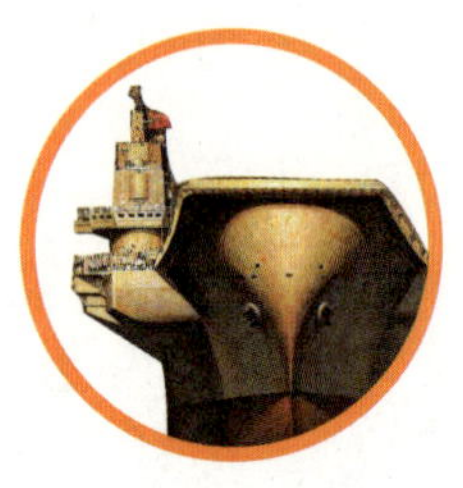

航母超强战斗力的特点

航母是海军舰艇中战斗力超强的一种大型水面舰艇，它以编队作为主要作战形式，以舰载机作为主要攻击武器，与其他舰种相比，具有攻击威力大、综合作战能力强、海上部署周期长、可全球远洋部署、能执行多种任务等特点。

编队航行，作为核心舰船作战

众所周知，航母每次出行并不是单枪匹马，而是“呼朋唤友”一大群，有巡洋舰、驱逐舰、护卫舰、潜艇、支援保障舰等各类舰艇保驾护航，真是威风凛凛、不可一世，是海上当之无愧的“大明星”。

这位“大明星”之所以带了这么多的“保镖”，是因为航母出行目标大，太引人注目，在海上游曳容易遭到来自空中、海面、水下和电磁等各种威胁。尽管航母自身已经携带一些防御武器，但是这些武器的整体防御能力还是太薄弱了。航母如果没有其他舰艇作保镖，那它的安全会受到严重的威胁，更难以发挥强大的进攻作战

> 图154 航母编队航行

能力了。因此，航母出行总是组成编队行动。

编队中的水面舰艇和水下潜艇等舰艇为其提供有力的保护，支援保障舰为其提供后勤与装备的保障。这样航母编队就可执行反舰、反潜、防空、对陆打击及各种综合性作战等战斗任务。

现代航母编队是集各种先进技术和武器装备于一体，水面、水下和空中作战力量高度联合的海空一体化机动作战部队，具有综合作战能力强、威慑效果好、灵活机动等特点，可以在远离军事基地的广阔海洋上实施全天候、大范围、高强度的连续作战。它是一个国家海军综合作战能力的象征，是海上中坚力量的体现。

> 图155　单航母的编队

> 图156　多航母的编队

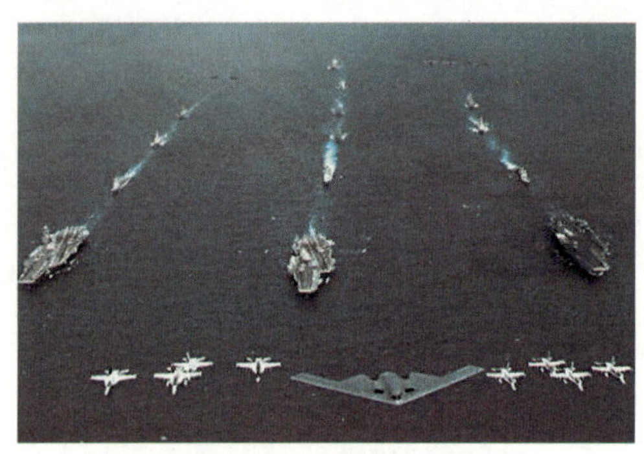

> 图157　搭载舰载机的航母编队

以舰载机为主攻武器，战斗威力大

航母可谓是一种进攻性的装备载体，能搭载几十架甚至近百架舰载机。这些舰载机飞行速度快，机动性好，又能搭载各种类型的炸弹、导弹、鱼雷，载弹量也很大，因此具有很强的战斗力。当航母发现敌情时，能在半小时内起飞20多架飞机，到达方圆数百海里的广大海域执行战斗任务。

使用灵活机动，能完成多种任务

航母作为一代海上霸主，能执行各种各样的任务，既能在全球性的大战中发挥重要作用，也能在局部战争中发挥威力：能攻击水面舰艇，也能消灭水下潜艇；能袭击海上目标，也能轰炸陆上的战略要地；能参加海战，也能支援两栖登陆；能担负主要作战任务，也能在必要时执行侦察、护航等任务。任何其他类型的舰艇都不可能像航母那样，具有如此多样的作战性能。

体态庞大，形象巍峨，水面舰艇中的“大哥大”

航母是现有舰种中排水量和体积最大、作战能力最强的大型舰艇，人称“移动的海上机场”“海上移动城堡”，还有人喜欢用“海上巨兽”来形容航母。

现代航母满载排水量最多可达10万多吨，相当于一二十艘驱逐舰，能载飞机近

> 图158　美国航母在船坞里的巍峨形象

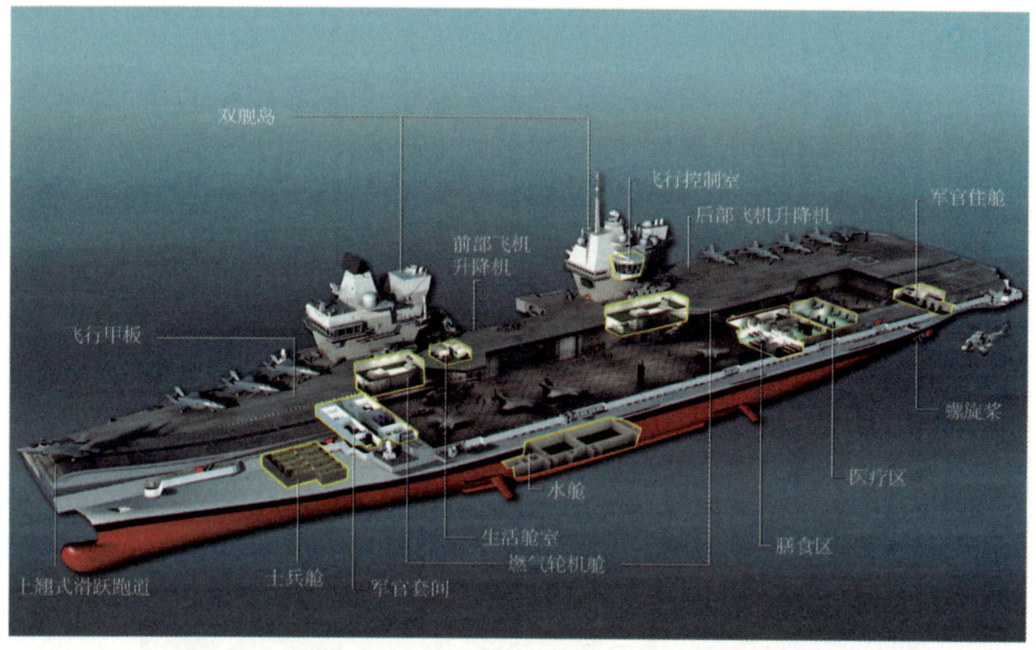

> 图159 英国航母内部舱室

百架，能居住舰员几千人。航母的舰体十分高大，少则四十多米，多则七八十米，是一般水面战斗舰艇的好几倍，相当于一座一二十层大厦的高度，可与坐落在长安街上的北京饭店一较高低。

现代航母舱室众多、设备繁杂。就拿美国的“小鹰”号航母来说，全舰共有1 500多个舱室，大小不一、形式多样、功能各异，相比北京饭店房间总数还绰绰有余。航母系统庞大繁杂，大大小小的设备不计其数，仅武器类就有多种机载武器，各类火炮和导弹发射架等自防御武器，当然还有大量的航空弹药。

庞大的舰载机起降飞行甲板

航母作为浮动的海上机场，舰载机是它的亲密伙伴，因而它必须为飞机起飞、降落提供跑道与装置。那么，飞机是如何在航母飞行甲板这一狭小的“机场”上起降的呢?原来，现代大中型航母一般拥有弹射器（或上翘式滑跃跑道）、斜角（直通）甲板、阻拦索（网）、着舰引导装置、飞机升降机等“五大法宝”。

航母的飞行甲板上画着各种各样的线，这些线通过有机的组合把飞行甲板分为了起飞区、着舰区与停机区等区域，这些区域互为关联，各有功能，各司其职。

> 图160 美国航母飞行甲板

> 图161 航母庞大的飞行甲板

巨大的功率，总发电量相当于一个中等城市

航母看似庞大又笨重，但它的航速却并不低，如超过9万吨的美国尼米兹级航母，其航速可在30节以上，与几千吨驱逐舰的航速不相上下，一般的登陆舰和扫雷舰还赛不过它呢！而这一切，全归功于航母有一套“劲儿十足”的动力装置。就拿美国大型核动力航母来说，其推进总功率达20多万马力，可与一座中等城市厂矿企业所需的动力相媲美了。同时，航母上所需要的用电量也十分惊人，一艘现代航母每天的总发电量达上万千瓦，可与一座中等城市的照明用电量相当。

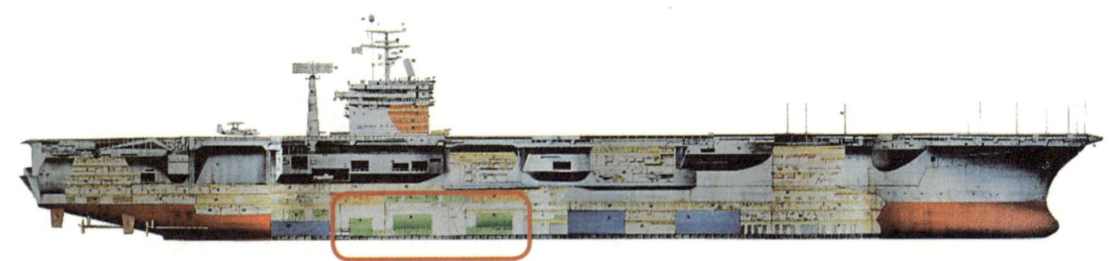

> 图162 航母动力装置舱

航海性能好，持久力强，是“全天候”的舰船

航母又重又大，抗风能力可达12级以上，与其他舰艇相比，它在波浪中要“稳重”得多。在五六级海况下，航母上的飞机仍可以安全地在飞行甲板上起飞和降落，去执行各种战斗任务。即使是在恶劣的风浪条件下，航母也能安全航行。可以说航母是“全天候”的舰船，一年三百六十五天，几乎没有它不能出海的天

> 图163 航母劈波斩浪

气和海况。

航母装载有大量的燃油、食品、淡水与弹药，它的续航力和自给力都很强，一口气可以连续跑数千海里。大型航母在海上活动两三个月都不需要中途补给。大型核动力航母更是了不起，加一次燃料可用10多年，航行40万海里，真可谓海军舰船中的头号“马拉松运动员”，可以远离基地到世界上任何海域去执行作战任务。

多层防御圈，层层防护，形成全方位的攻防体系

在海战中，航母无疑是受保护程度最高的舰艇，也是敌方的首要打击目标。为了保护好自家的航母，现代航母的防御已经到了登峰造极的程度。在巡洋舰、驱逐舰、护卫舰加入后，航母编队可以组织起远、中、近共三层多道火力防御区，做到层层防御，牢不可破！下面以美国航母编队对空、对海防御为例进行一一介绍。

第一层是以航母为中心的远防区，防御半径一般为185～400公里的防御网。防御任务主要由F-14或F/A-18战斗机与E-2C预警机协同完成。E-2C预警机可指引战斗机接敌，指挥攻击机攻击敌舰、轰炸敌方内陆纵深目标等。

第二层为中防区，或称区域防御区，半径一般距航母45～185公里。防御任务主要由布置在航母四周的护航舰艇来承担。由预警机、侦察机、远程警戒雷达执行联合探测任务，由护航舰艇上的增程舰空导弹来拦截突破第一层防御网的敌方飞机或导弹，外围的EA-6B电子战机对来袭的空中目标进行电子干扰。

第三层为实施近程防御的近防区，或称点防御区，防御纵深距航母0.1～45公里。在此防御区内，通过舰空导弹、速射炮、电子战武器等形成多个拦截层次。

航母通过三层防御屏障组成了一张具有全方位、全空间、立体化、大纵深的攻防网络体系。

远
F-14或
F/A-18
与E-2C
中
护卫舰艇
近
舰空导弹、
速射炮、
电子战武器
400公里 185公里 45公里 45公里 185公里 400公里

> 图164 航母的对空、对海防御圈

不仅如此，现代航母本身设计也考虑了防护能力的提升，例如航母水下舰体有多层防雷隔舱，其重要部位还有水上装甲防护。因此即使是航母舰体的某个部位被爆破了，但只是少部分舱室进水，航母仍

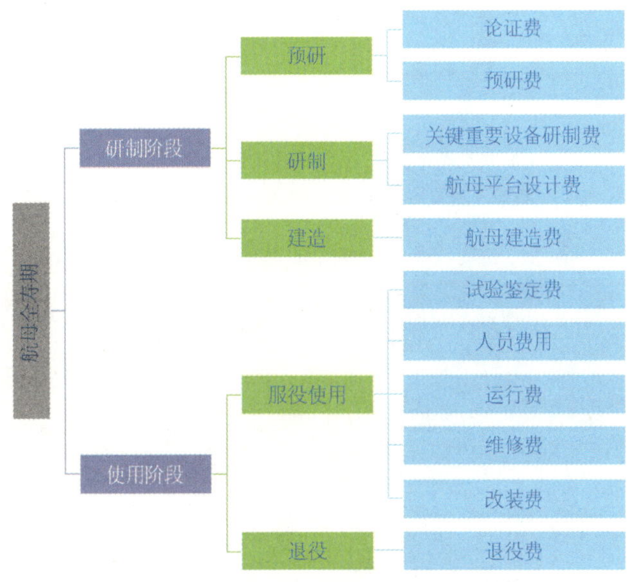

> 图165　航母全寿命周期的阶段划分与费用组成

能保持很大的浮力，不会影响航母正常的航行与作业，更不至于沉没了。可见，航母本身的抗沉性、防护能力也都要超过其他任何一种舰艇。

造价昂贵，全寿命周期费用不计其数

航母的造价非常昂贵，全寿命周期的运营费用更是不计其数。就连美国海军首脑都不禁感叹：我们“买不起所需要的那么多的航母”“大型航母将如历史上的恐龙，和近代战列舰一样，面临着在地球上绝迹的命运”。

航母全寿命周期费用到底有多么惊人呢？首先让我们来了解一下航母全寿命周期的阶段划分与费用类别组成（图165）。

经估算，一艘大型核动力航母如美国尼米兹级，仅单艘舰的全寿命周期费用就高达220亿美元。如果要考虑航母编队，则全寿期费用还要大幅上升，难怪有人说航母是“吞金怪兽”了！

一些中小国家不仅造不起、买不起航母，而且也用不起航母！就连美、英、法等经济实力雄厚的国家，因经济危机、通货膨胀、财政拮据等原因，也需三思而后行，航母建造预算一而再再而三地缩减，计划一再推迟。

第6章 现代航母的主体构造

航母早已不是一个陌生的名字，一提起航母，每个人的心中都会浮现出一个庞然大物，同时也会连锁反应到飞行甲板、舰载机、弹射器、阻拦器、飞机升降机等耳熟能详的名词。反之，提到这些名词，人们也会联想到航母！

航母的“粉丝”们已迫不及待地想知道，航母的总体构造到底是怎样的呢？让我们带着这个疑问，开始以下的航母构造之旅。

> 图166　航母

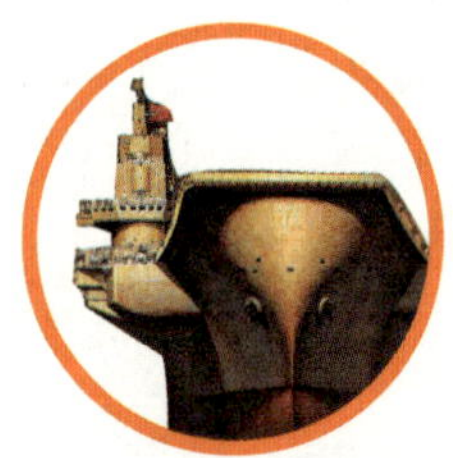

认识航母

航母总体构成

航母的总体构成其实与一般的水面舰船大同小异。就像咱们认识事物一样，需要从外表入手品味其内在，对于航母亦然。

航母的外表，也就是我们第一眼看到的航母形象！显而易见，我们看到了高高耸立的上层建筑，巍峨巨大的主舰体，还有甲板上的各种设备；从艉部往前看，还能看到一些装在主舰体上的附体。因此航母的外表由主舰体、岛式上层建筑以及甲板设备、附体等组成。

在了解航母外表后，现在让我们粗略地品味一下航母的内在。如果把航母想象成一个庞大而又怪异的机器人，那主舰体就是这个机器人的身体，里面包罗万象，各种系统、设备各司其职，渺小的人类可以在里面工作、生活、学习。而岛式上层建筑就是机器人的头脑，可以执行驾驶、通信、指挥等各类任务。航母的附体就是机器人的四肢，可以帮助机器人走路、转弯、平衡等。

> 图167　航母的总体构成

附体

航母总体构造

主舰体

现代航母通常把飞行甲板以下的舰体部分称为主舰体。主舰体就好似一座大厦。如果有一把大刀，把这座大厦切开几刀，这时我们就可以看到主舰体的内部构造了，原来主舰体从垂向被甲板或平台分成若干层空间，就像是大厦的每一层楼，每层又被分出很多的“房间”。沿纵向看过去，这座大厦由很多水密横舱壁隔开，在每个水密横舱壁内，有轻围壁进行纵横分隔，从而组成一个个“房间”。这些“房间”就是航母的舱室，航母的主舰体内部就是由各种功能的舱室所组成的。

> 图168 “伊丽莎白女王”号航母内部密密麻麻的房间

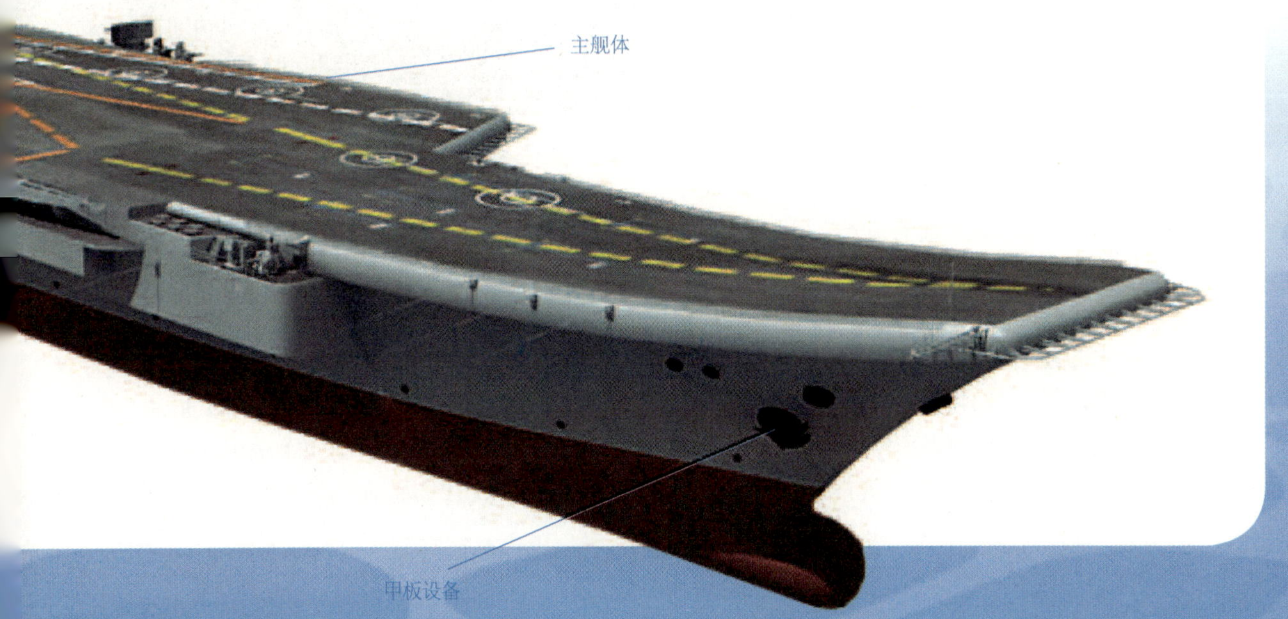

巨大苗条的身材——尺度与外形

尺度大、外形轮廓苗条是航母主舰体的两个最基本特征。

航母的尺度

航母主舰体的尺度（也称为主尺度）可以用几个船舶专用名词来表示，如总长、总宽与型深等，分别表示主舰体的最大长、宽与高；如水线长、水线宽、吃水，分别表示舰体以某种姿态漂浮在水中时在水面部位舰的长、宽、高。

一般来说，航母的总长与总宽由飞行甲板的大小所决定，而飞行甲板的尺度又是由航母搭载的舰载机配置，以及飞机起降、停放、保障等各方面的要求所决定，简直是环环相扣、互为关联。大型航母的总长一般会达到300多米，总宽达七八十米。飞行甲板面积可达到一两万平方米，可以建造两三个足球场了！

航母的身材高大挺拔，以美国核动力航母为例，其舰体从龙骨到飞行甲板，再到上层建筑共有20余层，总高度达70多米，可以与北京饭店PK一番了。与其他舰船相比，是当之无愧的“大哥”！

航母的外形

航母的外形轮廓独特，为了保证具有较大的航行速度，航母相比一般的民用船舶，其主舰体型线需设计得更苗条一些，这样才能保证航母在水中航行时具有相对较小的阻力。尽管外形苗条，但是内部却另有乾坤，里面设置了几千个舱室，如美国尼米兹级航母舰内设有2 000多个舱室。

> 图169 排水量5万吨的补给舰在大型航母身旁只能堪称小弟

现代航母船艏的水下部位有一个像鼻子一样奇怪突出的部分，称之为球鼻艏，通过与船体的有效配合可改善船艏附近的水流情况，以起到减小阻力的作用。

航母的艉部有很多附体，如轴系、轴支架、螺旋桨、舵、呆木等，这些附体是为推进或操控舰船而设计的。例如螺旋桨就像是鱼的尾巴，可以推动航母在海中游弋；呆木就像是鱼背上的鳍，可以提高航母的航向稳定性。

航母的楼层——垂向分隔

航母“身高”近六七十米，沿着垂向，航母被甲板或平台分隔成了若干的“楼层”。从上往下算起，有飞行甲板、吊舱甲板、机库甲板、机舱甲板、内底、底舱等。美国航母习惯把机库甲板称为1甲板，1甲板以上分别为01甲板、02甲板……其中，飞行甲板为04甲板；1甲板以下分别为2甲板、3

> 图170　航母球鼻艏

甲板……还有些国家习惯把飞行甲板称为1甲板，往下为2甲板、3甲板……往上的上层建筑分别为01甲板、02甲板……

航母各层“楼”的高度并不是一成不变的，而是需要根据舱室布置的要求进行特殊设计。

例如机库甲板，由机库的高度决定，而机库的高度取决于舰载机的尺寸以及吊装、有效保养等需要的空间，一般要占2～3层甲板。美国20世纪50年代后期建造的福莱斯特级航母及以后建造的大型航母，机库的高度都增加到7.6米以上（尼米兹级航母的机库高8.1米）。

再例如安装主机和其他大型设备的舱室高度应取决于这些设备的高度以及它们上部所需要的吊装空间等。

相对而言，航母工作、生活舱室的层高则较为常规一些，一般净高度需在1.9米以上，加上舰体结构上的加强梁等各种因素，层高在2.5米左右。

> 图172　航母庞大的螺旋桨、轴支架等舰艉附体（二）

> 图171　航母庞大的螺旋桨、轴支架等舰艉附体（一）

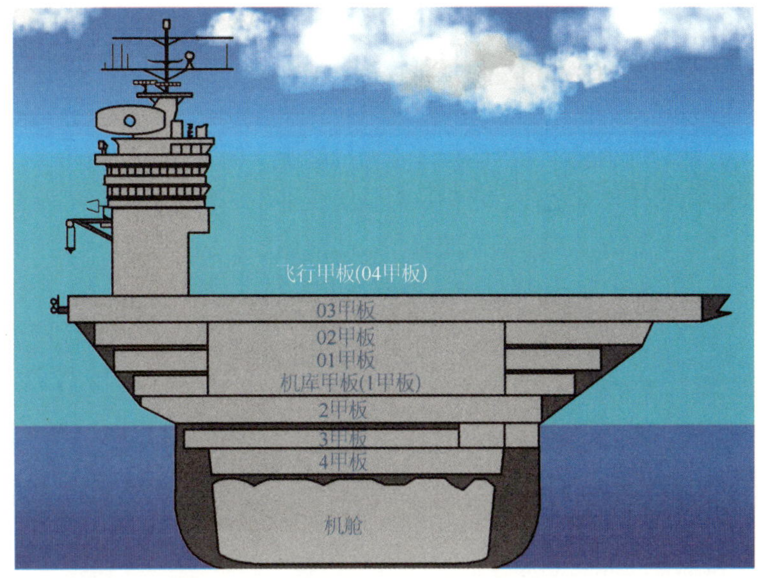

> 图173　美国尼米兹级航母横剖面简图

> 图174　航母的机库停满了飞机

航母内的房间——纵横向分隔

航母的主舰体在纵向通过水密横舱壁分隔为若干水密舱段。这些水密横舱壁可以防止舱室浸水漫延到其他舱段，从而保证航母的安全。大中型航母一般要求4～5个舱段浸水后不沉。在主要水密舱段中，根据布置舱室特点需要可采用轻围壁进行纵横分隔，形成各种功能的小舱室。习惯上，把主横舱壁分隔而成的大舱段称为“舱”，把用轻围壁分隔的空间称为“室”。

机库是航母上最大的舱室，常用活动的防火帘或防火门分隔成2～4个小机库，机库的面积可与千人大剧院一较高下。

拥有“飞行甲板”是航母最典型的外形特征。飞行甲板是专供舰载机起飞、降落、停放、保障等舰面航空作业的场所。因此，航母飞行甲板奇妙的构型与其搭载的舰载机需求息息相关。

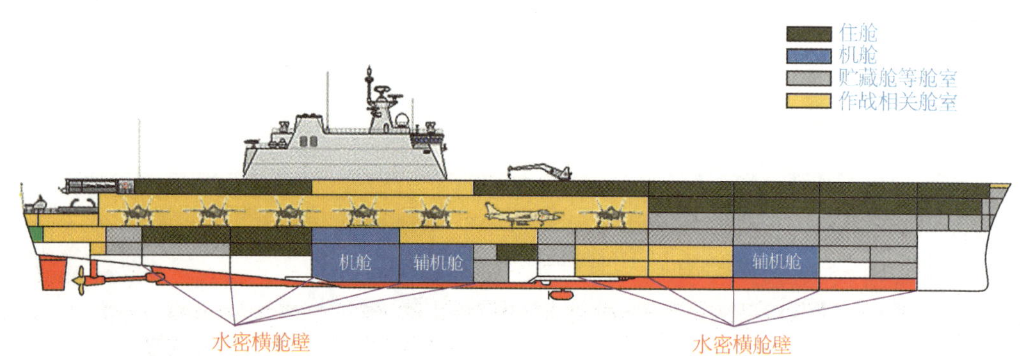

> 图175 航母的水密横舱壁

> 图176 航母内繁多的舱室

甲板的奇妙构型

飞行甲板

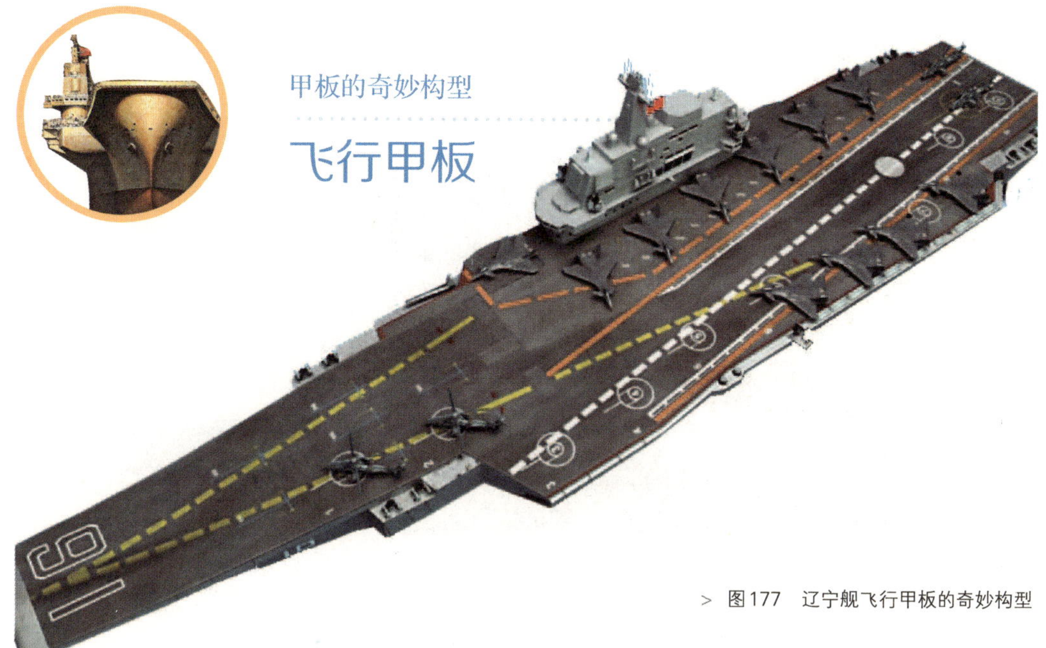

> 图177　辽宁舰飞行甲板的奇妙构型

飞行甲板一般长两三百米，宽七八十米，总面积相当于两三个足球场那么大。这么大的甲板面积，在各种舰船中算是首屈一指，但是相比同样要满足飞机作业要求的陆地机场却是小了很多，甚至只有陆上机场的几十分之一。在这样狭小的甲板上要建成“供现代飞机作业的机场”，难度非常大。何况飞行甲板上还要布置上层建筑、桅杆、起降设备以及各种武器。所以飞行甲板构型设计极为困难，并且充满挑战！各国航母设计师们可谓是绞尽脑汁、千方百计，通过精密计算、精心布局，想要充分利用飞行甲板上每一平方米的甲板面积。因此，各国的航母飞行甲板群芳斗艳，展现出了别样的风采。

自航母诞生以来发展至今，航母的飞行甲板也经历了不断演变的过程，逐步从平直通型平甲板演变成当前大中型航母常用的斜角甲板型。

美国“小鹰”号航母的舱室

美国“小鹰”号航母纵向采用20多个水密舱段，全舰被纵横舱壁分隔为1 500多个大小不一的舱室，其中舰员居住舱就有150多个，总面积达8 200多平方米，可居住近5 000人；各种贮藏舱150多个。

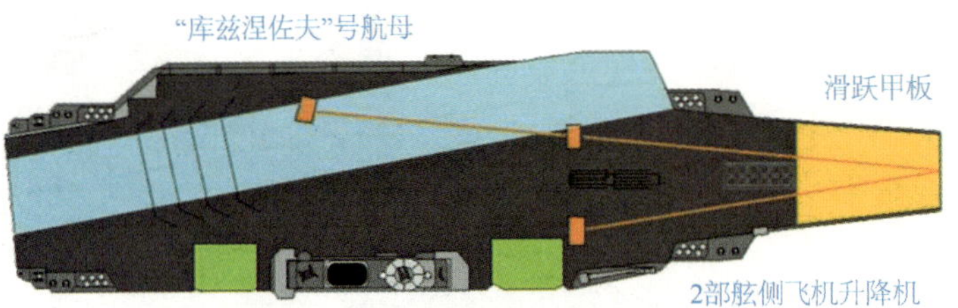

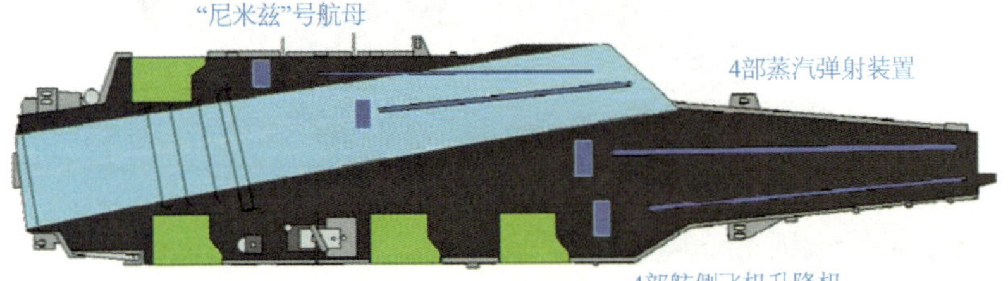

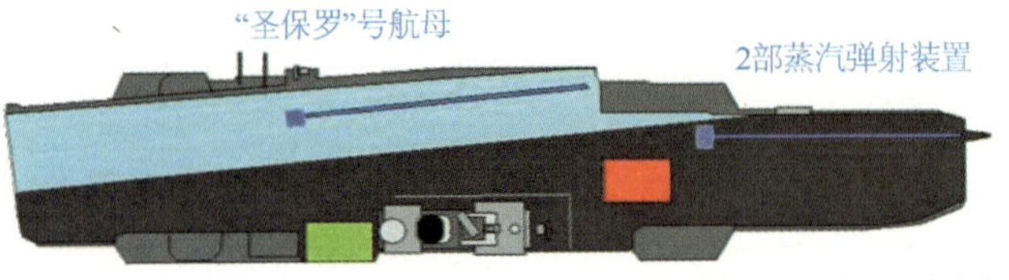

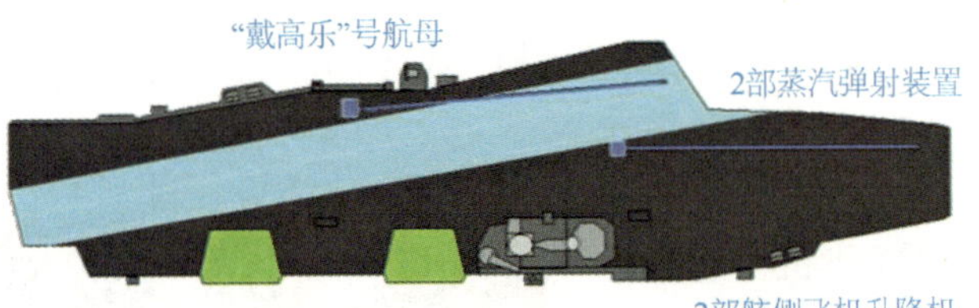

> 图178 各种飞行甲板的风采

平直通型飞行甲板——古老而又充满传奇

航母诞生初期，主要由军舰或商船改装成航母。为了在改装版的航母上起降飞机，舰船设计师们突发奇想，在这些船的主甲板上用许多支柱托起一个长方形的钢制甲板，犹如是给主甲板搭了一个平坦的顶棚。在这个顶棚上，飞机可以起飞和降落。这就是平直通型飞行甲板的原型，没

> 图179 平直通型飞行甲板（原型）

有任何突出的建筑物和设备，就连舰桥、烟囱、桅杆等都被遮盖在飞行甲板的下面。

随着实战经验的增多，为了增强观通、指挥和排烟等性能，一种平直通型飞行甲板的改良型出现了：在飞行甲板中部右舷腾出一小块地方布置最必要的舰岛、烟囱和桅杆，形成一种“岛型布局”。

当时的平直通型飞行甲板在使用上有一个特点：飞行甲板各区域的功能随着飞机作业而改变，在飞机起飞时，飞行甲板前部为起飞区、后部为停机区；在飞机降落时，飞行甲板前部为停机区、后部为着舰区。

这一特点也暴露出了这种飞行甲板存在的问题，飞机不能在甲板上同时起降作业，必须静等甲板腾出地方来；另外着舰

> 图180 平直通型飞行甲板（改良型）

飞机无法安全复飞，一旦飞机着舰失败，势必冲撞前方停着的飞机，从而很可能导致机毁人亡，还会引发火灾、爆炸等严重事故。这也为后续斜角平甲板型飞行甲板的出现埋下了伏笔。

现今随着垂直/短距起降飞机的研制成功和直升机性能的提高，许多国家建造出了构造简单、设备先进、造价低廉而战斗力较强的中小型航母。按照搭载舰载机的需求，其飞行甲板外形又恢复成了早期的直通型平甲板（有的稍有斜角）。由于它具有长度短、宽度小，能同时起飞、降落垂直/短距起降飞机等特点，为许多国家所青睐。

> 图181 现代航母的平直通型飞行甲板

斜角平甲板型——飞行甲板构型的重大变革

斜角平甲板型飞行甲板是二战后总结

> 图182 “安提坦”号成为首艘斜角甲板航母

经验的产物。20世纪50年代初，英国的一位海军上校首先提出了斜角甲板的设想，并通过一些试验证明了其优点所在，为此后航母采用这一样式奠定了基础。1952年美国“安提坦”号航母进坞改造中充分应用了这一设计理念，成为了世界上第一艘拥有斜角甲板的航母。其飞行甲板由直通和斜角两部分组成，分别供飞机起飞和降落用。这种设计完美地解决了此前飞机同时起降相互干扰的难题，极大地提升了飞机舰面作业的安全性与独立性。

直通部分

直通部分位于飞行甲板的前部，专供舰载机起飞用，是舰载机的起飞区，长度一般在100米左右。考虑到航母起飞区的跑道很短，不具备垂直起降能力的飞机仅依靠自身滑跑无法达到起飞速度，因此通常在航母的起飞区设置弹射器或滑跃跑道以产生助力帮助舰载机起飞。

弹射器犹如一张大弓，能将飞机像箭一样发射出去，飞机利用弹射器可在100米不到的距离加速到起飞速度。

滑跃跑道则是飞行甲板起飞区前部采用上翘甲板的形式，可为飞机起飞提供一定的升力，但它对飞机的推重比要求较高，在有限的滑跑距离内不是所有的飞机都能滑跃起飞。

美国现役的大型航母均采用弹射起飞，而我国的辽宁舰则采用上翘式滑跃跑道起飞的形式。

斜角部分

斜角部分位于飞行甲板的左舷中后部，与航母首尾中心线呈6～13度的角度，一般有200多米长，二三十米宽，但仅是陆地机场跑道的十几分之一。

为了帮助固定翼舰载机降落，斜角甲板跑道上按照一定的距离间隔设置阻拦索、阻拦网。阻拦索实际上就是一根强度很大的钢丝绳，末端连着阻尼缓冲器，在飞机高速降落时，阻拦索会钩住飞机的尾钩，从而使飞机在甲板上停下来。而阻拦网实际上就是一张由多股高强度、高韧性尼龙带所编织成的网，通常作应急用，当飞机

> 图183 辽宁舰舰载机滑跃起飞

着舰尾钩放不下或其他原因致使飞机无法采用阻拦索时，可采用阻拦网将飞机进行强制阻拦，从而确保飞机能够回得了家。

为了辅助舰载机的降落，还需设置引导飞机正确着舰的装置，称为着舰引导装置。着舰引导装置就像一名发令官，引导飞机准确安全地降落到飞行甲板上。

有的航母在斜角甲板上装有一两部弹射器，在没有飞机降落时，可供舰载机起飞用。

停机区

飞行甲板上除了有起降区外，还设有停机区。停机区一般设在飞行甲板起降区以外的区域，如右舷上层建筑的前后位置，它不仅可以用于停放飞机，有时还可以进行飞机挂弹、加油等各种保障作业。在停机保障区内，飞机如同值班的“哨兵”，一架紧挨着一架斜向排列。为了避免飞行甲板的过度拥挤，大约半数飞机会停放在机库内，机库与飞行甲板之间完全依靠飞机升降机进行上下调运。

斜角平甲板型飞行甲板巧妙而有效地利用了每一平方米的甲板面积，紧凑地将飞机起降区、停机区以及飞机升降机、起降装置、上层建筑等安排在狭小的舰面甲板上，并使它具有以下优点：一是两条跑道可同时供飞机起飞和降落用，互不干扰；二是飞机降落时不易与上层建筑相撞。如果飞机降落不成，仍可顺利复飞。所以，这种飞行甲板的优点突出，在各国现役的大中型航母上得到了广泛的应用。如美国、法国等国家的大中型航母均采用

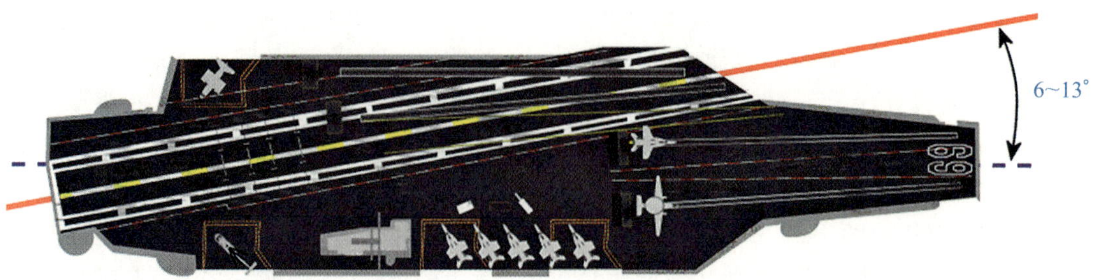

> 图184 航母斜角甲板角度

> 图185　辽宁舰斜角甲板（红色区域）

> 图186　辽宁舰停机区（停放飞机部位）

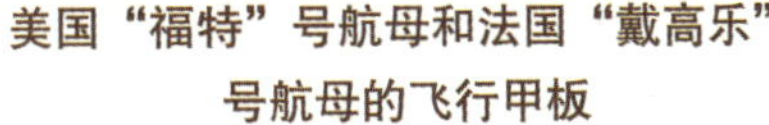

美国“福特”号航母和法国“戴高乐”号航母的飞行甲板

美国“福特”号大型核动力航母在飞行甲板前部和斜角甲板前部各设2座弹射器，在降落跑道上设置3道阻拦索、1道阻拦网。采用3部舷侧飞机升降机。集成化岛式上层建筑位于飞行甲板右舷后部。

法国“戴高乐”号是一艘中型核动力航母，在飞行甲板前部和斜角甲板前部各设置1座弹射器，斜角甲板上布置了3道阻拦索与1道阻拦网。岛式上层建筑位于右舷前部，在其后部分开布置了2部舷侧飞机升降机。

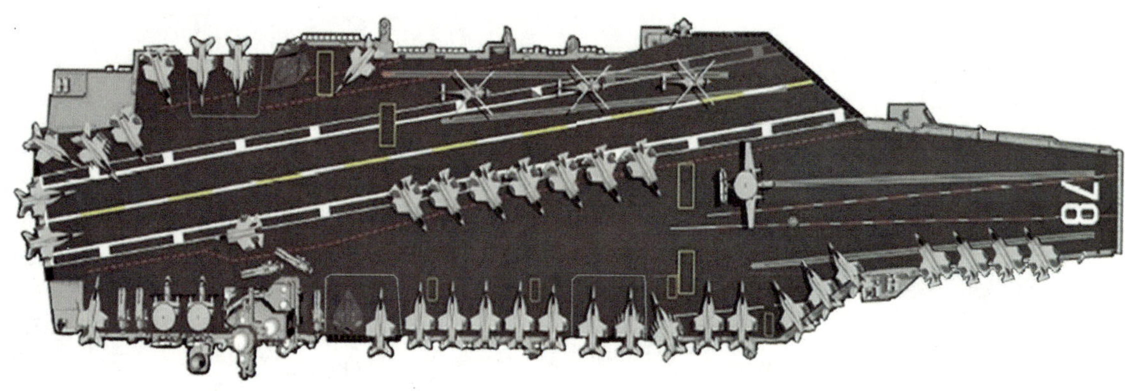

> 图187 美国“福特”号航母的飞行甲板示意图

这种形式。

滑跃直通型飞行甲板——轻型航母的福音

20世纪60年代，在斜角甲板型飞行甲板发展的同时，英国率先开发了设有上翘式滑跃的直通飞行甲板形式，并应用于搭载“海鹞”飞机的无敌级轻型航母上。采用这种甲板形式，“海鹞”飞机可借助具有上翘曲面的滑跃甲板实现短距起飞，并以垂直降落方式着舰，从而不仅使飞机节省了燃料的消耗，还免去了体积和重量庞大、构造复杂、价格昂贵的弹射器以及阻拦装置，但也存在一些缺点，如对舰载机起飞重量有限制，对飞行员的起飞操控要求很高等。

实践证明，滑跃直通型飞行甲板对于吨位小、尺度小、空间紧凑的轻型航母而言，是最为适配和合理的。这样的配置方

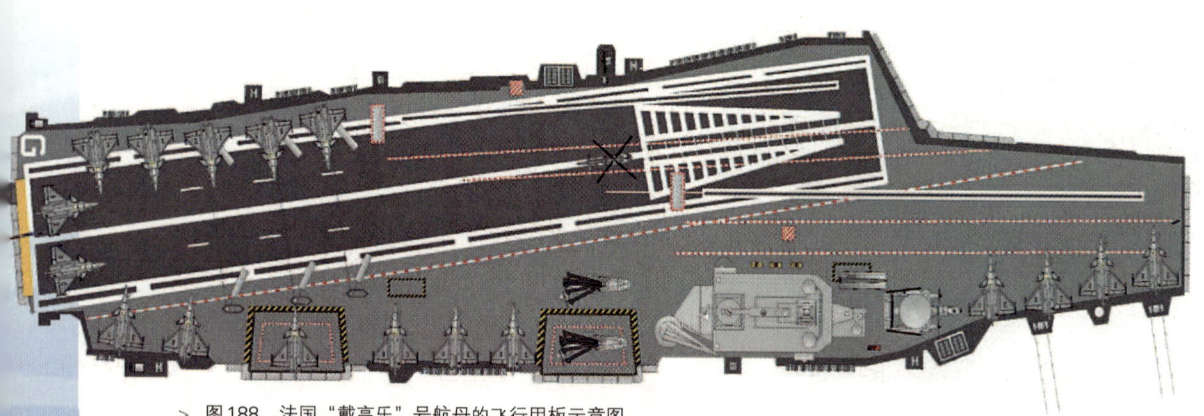

> 图188 法国“戴高乐”号航母的飞行甲板示意图

> 图189　英国“无敌”号轻型航母飞行甲板图

案也为意大利、西班牙和泰国等国的轻型航母所采用。

英国最新一代伊丽莎白女王级中型航母的飞行甲板也延续了无敌级的这种形式，飞行甲板前部设滑跃甲板。

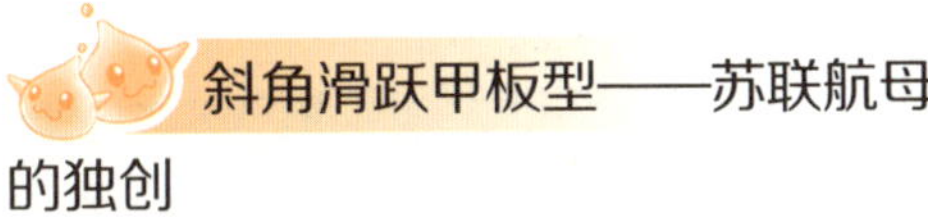

斜角滑跃甲板型——苏联航母的独创

尽管滑跃起飞是英国人的“专利”，但苏联人却把滑跃起飞与斜角甲板进行了有机的结合，而且在“库兹涅佐夫”号等航母上进行了成功的应用，因此斜角滑跃甲板型的首创奖应该颁发给苏联。

20世纪70年代，苏联在研究弹射起飞技术方面遭遇瓶颈、无法突破之际，开始转变思维模式，投入舰载机起降技术的研究中。通过10多年的励精图治，在耗费大量人力、物力后，终于在大推重比、高机动性舰载机技术方面取得了突破，并将研究成果成功应用于“库兹涅佐夫”号航母。所以说，苏联航母的斜角滑跃甲板构型技术看似简单，实则十分来之不易。

> 图190　英国“伊丽莎白女王”号中型航母飞行甲板图

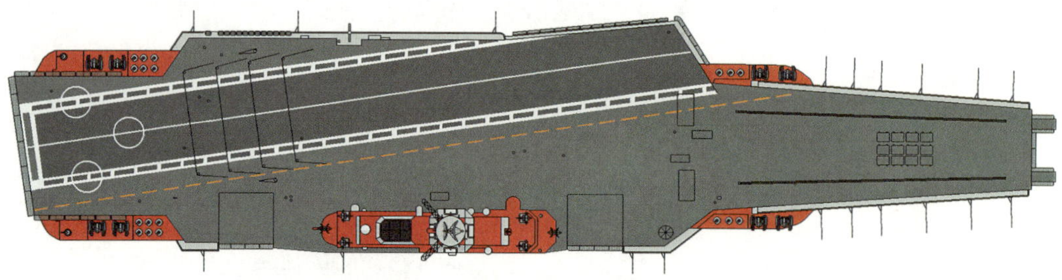

> 图191 苏联“库兹涅佐夫”号航母飞行甲板示意图

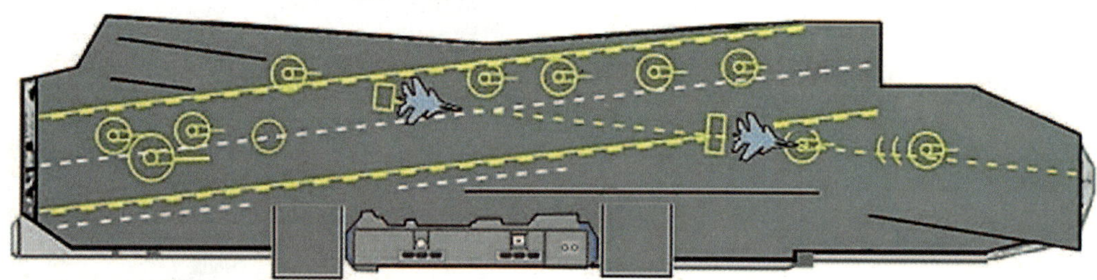

> 图192 印度“维克兰特”号航母飞行甲板示意图

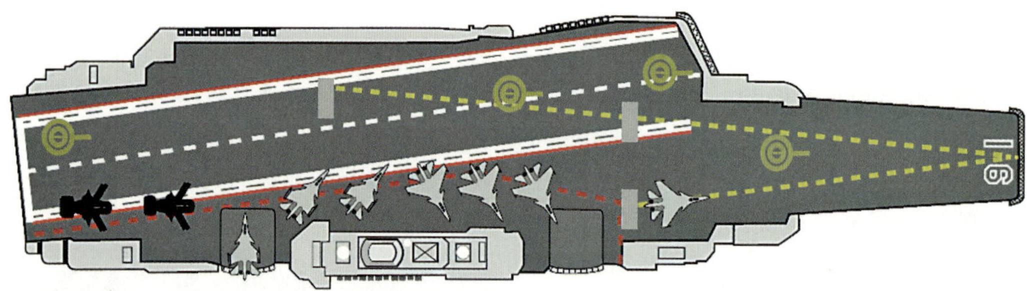

> 图193 中国“辽宁”号航母飞行甲板示意图

目前采用斜角滑跃甲板构型的航母除了“库兹涅佐夫”号航母外，还有印度的“维克兰特”号、中国的“辽宁”号等航母。

印度正在研制的新一代航母“维克兰特”号也采用滑跃起飞跑道，是在俄罗斯航母的基础上进行了创新设计。

中国“辽宁”号蒸汽动力中型航母，实际上曾是“库兹涅佐夫”号航母的姊妹舰，所以甲板构型与之相同。

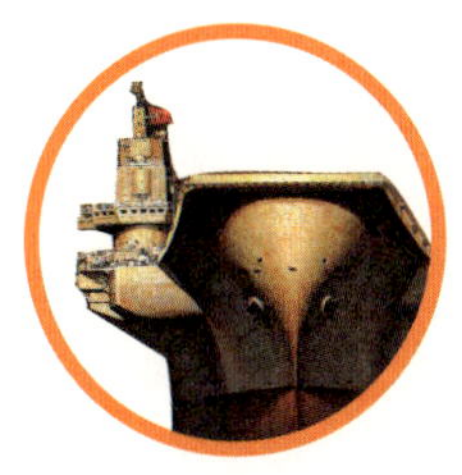

航母的大肚子

机库

航母有个超级大肚子，可以存放几十架飞机，它就是航母的机库。机库是用来安全停放舰载机并可对舰载机进行维护维修、飞行前准备作业的重要航空保障舱室，对舰载机保持良好的技术状态和高效的出动回收能力至关重要。

机库之概貌

机库在航母上的垂向位置

机库在航母上的垂向位置视航母的排水量大小而有所不同。对于轻型航母，由于型深相对较小，机库通常直接布置在飞行甲板的下方；而对于大中型航母，由于空间高度允许，同时考虑到飞行甲板下方需要设置较多的起降设施，所以通常在机库与飞行甲板之间另设置一层甲板（有的地方称为吊舱甲板）。当然这样的设计还有一个好处，可以令机库内的舰载机更有安全感！

机库的大小

机库的大小主要取决于机库内停放舰载机的类型与数量。在航母上，容纳规定配置的舰载机是不容推辞的，因此机库拥有“航母上最大舱室”的美誉。通常，对于轻型航母，抵御恶劣环境条件的能力相对较弱，为了保护舰载机，一般要求所有飞机都应存放在机库内。而对于大中型航母，一般是要求机库能停放半数以上的舰载机（含所有直升机）。同时，与飞行甲板相比，机库拥有得天独厚的优势，不管环境还是航空保障能力都要略胜一筹，因此飞行甲板上的舰载机会定期轮换到机库内，并进行检测、维修和维护等保障作业。

机库的长度一般约占舰长的1/2到2/3。机库宽度一般并不延伸到两舷，而

苏联“库兹涅佐夫”号航母的飞行甲板

“库兹涅佐夫”号航母的滑跃起飞跑道设置在飞行甲板前部，每条起飞跑道的起飞位置处均设有止动装置，起飞位后方几米处设有喷气偏流板。飞行甲板左舷中后部设有斜角甲板，采用了4道阻拦索和1道应急阻拦网。岛式上层建筑位于右舷中部。两座舷侧飞机升降机分设在上层建筑的前、后方。

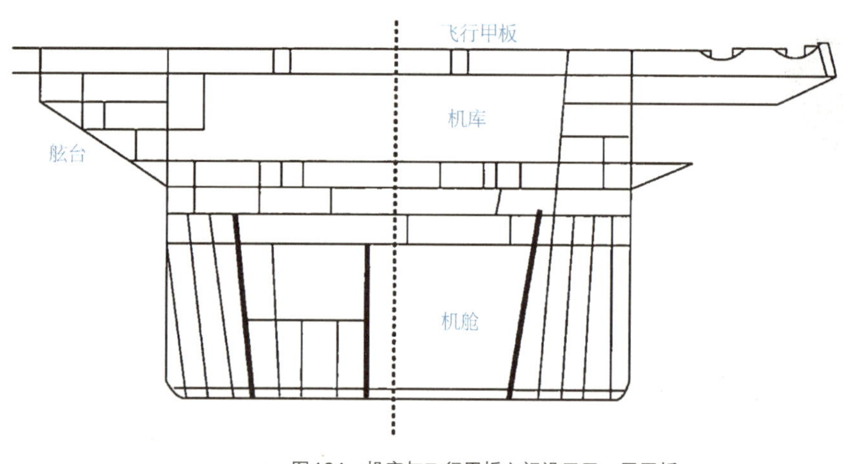

> 图194 机库与飞行甲板之间设置了一层甲板

是在机库侧壁外留出一定的宽度，供布置舰载机维修维护舱室、航空备品备件舱以及动力进排气、人行等通道。机库的高度一般由舰载机的高度以及其所需的保障能力等因素确定，当然机库顶部还需留有必要的安全距离。机库高度应至少占两层甲板层高，大中型航母则通常需要占三层甲板层高。

> 图195 机库内的飞机

机库的指挥部位

机库的指挥部位是机库指挥官掌握机库内舰载机作业状况并进行指挥调度决策的部位。一般设置在机库中部的侧壁外，内部设置有视野开阔的可观察机库状况的观察窗。机库指挥官借助观察窗以及分布于机库内的电视摄像装置，可随时掌握机库内舰载机布列、调运和维护维修等状况，并根据实际情况及时做出指挥调度与决策。

> 图196 宽敞的航母机库

机库内舰载机的布列

机库被防火分隔门（或防火帘）分隔成2～4个区。防火分隔设施的设置也是一门学问，既要考虑火灾在机库内蔓延的有效控制，也要考虑机库内停机面积的有效合理利用。

舰载机在机库内以停机区为单元进行停放布列。通常按照利于管理和维护的原则，同一机种应相对集中停放。同时，为了保证在有限的机库空间内尽可能多地停放飞机，飞机的机翼设计成可折叠的形式，折叠后的飞机按照与舰中线面平行的方向进行多排、多列的紧凑型停放。当然，为了方便往飞机升降机方向调运，在靠近飞机升降机的区域，飞机的停放位置将与舰的中线面呈一定的角度。

为了保证舰载机作业的安全性，方便车辆、人员通行，相邻舰载机之间应保持一定的间距。同时，舰载机与机库四壁及防火分隔设施之间也应留有适当的安全距离。有一点要牢记在心，防火分隔设施部

> 图197 机库内飞机的停放

> 图198 机库内飞机之间应保持适当的安全间距

位是绝不容许停放舰载机的。一旦发生火灾事故，如果防火分隔设施无法正常工作，后果不堪设想。

机库内舰载机的调运

由于舰载机在机库内按紧凑型原则停放布列，因而舰载机在机库甲板上向飞机升降机的平面调运只能从靠近飞机升降机处通过牵引车进行依次调运。有时，为了方便飞机在狭窄的机库内原地“打转转”，在接近飞机升降机的机库部位还会设置埋入式的调向转盘。

舰载机在机库与飞行甲板之间的转

> 图199 航母机库大门

> 图200 舷侧飞机升降机待同时转运两架舰载机

运则需借助飞机升降机。为保证平时机库在飞机升降机处的密闭性，在机库侧壁、与飞机升降机对应的位置设有机库大门。其形式有纵向移动式、上下对开式等。不论哪种形式的机库大门，其周边会配有液压压紧装置，以保证机库大门的密闭性。

舰载机的维护维修保障

机库内舰载机的保障

按照机库内停机区的分布特点，在机库周围会设置若干个航空滑油、航空用电源、压缩空气、氮气等的供给部位。机库内还配设有飞机修理区，同时机库两侧一般还设置了一定数量、一定功能的维护维修舱室。

舰载机的定期检测维护

为实施对舰载机的定期检测维护，航母上配设有舰载机定期检测维护舱室，例如机体和发动机定检舱室，雷达、无线电

> 图202　航母机库内舰载机维修（二）

> 图201　航母机库内舰载机维修（一）

电子设备定检舱室，航空仪表定检舱室，航空武器定检舱室等。航母上还配设有用于舰载机和航空保障设施维修的舱室以及各类航空贮藏舱和备件库，这些舱室总数可达数十个，多设置在机库左右侧壁的外侧，并设有舱门与机库相通。一般机库后部停机区还可兼作舰载机的修理区，顶部配设有用来吊运舰载机的大型部件或备件的起吊装置。

舰载机的发动机维修后的试车

发动机试车既可以检验维修后发动机的运行工况，也可以检验发动机在飞机上安装的正确性和可靠性。美国航母将机库甲板的尾端区域作为航空发动机的试车部位，其后缘为敞开式，与外界相通，以便在进行发动机试车时喷气流能直接排出舰外。在俄罗斯航母的飞行甲板上，专门指定一个停机位置，用于飞机更换发动机后进行甲板系留状态下的发动机试车，此时飞机需采用较之平时停放系留更加强固的系留设施。

> 图203 航母舰艉的舰载机发动机试车（一）

> 图204 航母舰艉的舰载机发动机试车（二）

> 图205 航母机库内水成膜泡沫喷洒后清理的场面

机库的安全保障

机库作为航母上舰载机停放的内部处所，其安全性至关重要。一旦机库内发生火灾、爆炸事故，不仅会导致航母丧失部分或全部战斗力，而且可能会危及航母自身的安全。因此，航母机库内必须配备充分有效的安全、消防设施。

可燃气体监测报警仪

可燃气体监测报警仪可监测机库内喷气燃料挥发气体的浓度。当浓度达到危险值时，除在相关监控部位发出声光报警外，还将自动启动防爆通风系统。

火灾报警装置及防火分隔

火灾报警装置能监测机库火灾，在必要的情况下能控制防火分隔设施进行及时自动关闭，从而防止火灾向相邻停机区蔓延，使消防系统的灭火作业更加有效。美国航母采用金属结构的移动式防火分隔门，而俄罗斯航母则采用安装在机库天花板上、由耐火石棉布制成的卷帘式防火帘。

机库消防系统等灭火设施

机库消防系统用于扑灭机库内的一般火灾和油类火灾。机库内还配备适量的手提式灭火器，用于扑灭小范围的火情。

> 图206 航母内水成膜泡沫灭火系统作业场景

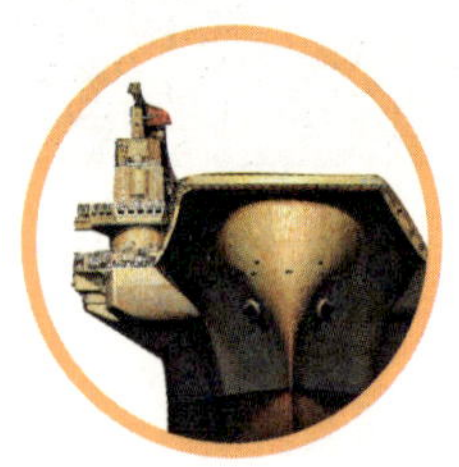

航母的头脑

上层建筑

在航母飞行甲板之上，傲然而立着一两座高耸的“楼宇”，那就是航母的上层建筑。上层建筑是航母飞行甲板上唯一突出甲板面的建筑群体，它与航母上必须要放在“高处”的房间、设备融于一身，例如塔台、驾驶室以及各种雷达和通信设备等，在航母上发挥着指挥、通信导航等重要作用。因此，上层建筑真可谓是航母的“头脑”啊！

航母的上层建筑一般呈岛形结构，所以又称舰岛或岛形上层建筑。

> 图207 现代航母的集成岛式上层建筑

> 图208 中国辽宁舰上层建筑布置于右舷中部区域

岛形上层建筑是现代航母必不可少的重要设施，在航母及其编队的作战指挥中起着不可或缺的重要作用。那么，航母的上层建筑主要有哪些特点呢？让我们一起来解读。

位于右舷舷侧

几十年以来，航母设计师已形成了一种习惯，喜欢把岛形上层建筑布置在飞行甲板的右舷。

至于上层建筑布置在右舷的哪个部位，世界各国各抒已见。例如，辽宁舰采用常规蒸汽动力，考虑到烟囱的走向，上层建筑设在右舷中部；法国的“戴高乐”号航母，则把上层建筑布置在右舷的偏前位置；英国更是创新，考虑到燃气动力进排气需求，把上层建筑一分为二，分别布置在右舷的前后部位；而美国尼米兹级航母的上层建筑位于右舷的中后部，但到了“福特”号航母，其上层建筑则完全

小贴士

为什么岛形上层建筑布置在右舷舷侧？

这种设置主要源于飞行员的一种驾驶习惯。经验表明，大多数飞行员在着舰失败后有向左机动的本能反应。这就像是我们在驾驶机动车时，当遇到障碍物或需要超车时，一般都会向左机动，这也是具有一定驾龄人员的本能反应。因此，把上层建筑布置于飞行甲板的右舷已成为各国的一种习惯。

设置在右舷舰艉。上层建筑位置设在右舷“何处部位”非常复杂，需要考虑飞行甲板上舰载机的作业、气流场、通信导航设备性能发挥、进排气、视界等多种因素，必须进行综合权衡，才能找到最恰当的部位。

高耸“入云”

按照功能需求，航母的上层建筑必须具有足够的高度。只有上层建筑达到了一定的高度，才能保证其上的雷达天线等设备发挥良好的性能，同时也能使驾驶室、塔台等内部舱室具有开阔的视野。通常，大中型航母的上层建筑有三四十米高，比主舰体高度还要高出一些。

集成而又拥挤

航母的上层建筑既不能太大，但又应容纳必需之物，两者互为矛盾，这给设计者们出了一道难题。

不能太大，主要源于飞机工作以及航母隐身性两方面的考虑。大家都知道，航母飞行甲板是飞机的主要工作场所，为了保证飞机在飞行甲板上尽可能畅通

> 图210 法国“戴高乐”号航母上层建筑布置于右舷前部

> 图209 英国“伊丽莎白女王”号航母采用两个上层建筑布置于右舷

无阻，上层建筑当然是越小越好。而且高于飞行甲板面的上层建筑还会使气流场出现“紊流”，不利于周边飞机的正常工作，例如位于右舷中后部的上层建筑产生的紊流会影响飞机的安全降落。此外，小巧玲珑的上层建筑可以确保航母具有更小的雷达散射截面，有利于航母的隐身性。所以航母的上层建筑，尽量要设计得小一些。

> 图211 航母上层建筑高耸“入云”

然而，上层建筑作为舰上唯一高出飞行甲板的建筑物，使它成为一些需要占据较高位置设备的“必争之地”，如雷达天线、电子战天线、武器系统的指向器、气象设备、监视摄像设备、烟囱等。而那些需要观测、指挥的部位如驾驶室、塔台等也希望在上层建筑占有一席之地，所以航母的上层建筑布置是十分“拥挤”的。

小贴士

雷达散射截面

雷达散射截面（radar cross section，RCS），是雷达波隐身技术中最关键的概念，它表征了隐身目标（如航母）在雷达波照射下所产生回波强度的一种物理量，该数值越大则表明目标的雷达波隐身性越差。

隐身而又美观

航母上层建筑的外形需要进行综合设计。作为完全暴露于舰面的一座建筑物，其隐身性是必须要考虑的。除了上述讲到的要把上层建筑尽量做小以外，还有就是上层建筑的侧壁应尽量采用斜壁，上层建筑上的桅杆天线尽可能集成一体，以减少雷达散射截面，从而提高全舰的雷达波隐身性。当然，上层建筑还要考虑能与主舰体融为一体，以尽量减少紊流。此外，航母作为一个国家形象的“代言人”，把上层建筑设计得既威武又美观，这也是必需的。

> 图213 美国“独立”号航母庞大的上层建筑

> 图212 核动力航母的上层建筑尤为“苗条”

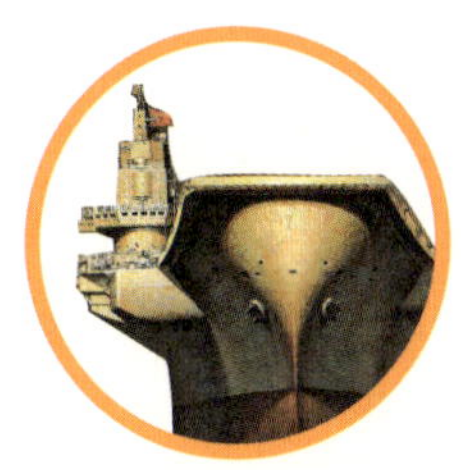

航母的机构

航母上的部门与人员

航母上的部门

航母是一个庞大的系统，由许多部门和人员组成，它们各司其职、共同运转，确保航母及舰载机的安全正常作业。

各国航母设置的部门数量与名称都不尽相同。以美国尼米兹级核动力航母为例，在舰长与副舰长之下，总共设置有14个部门（图215），每个部门都有自身独特的功能。

航母上的人员

航母上舰员众多是众所周知的了。

> 图214　航母的上层建筑

小贴士

如何通过航母的上层建筑判断其动力类型?

一般来讲，核动力航母的上层建筑尤为“苗条”。通过上层建筑的外表，我们就能很容易判断这艘航母采用的是核动力还是常规动力。我们不妨来做一个“找烟囱”的游戏。如果你在上层建筑上找不到烟囱，那它应该是核动力航母，其上层建筑最为“苗条”，如美国的尼米兹级以及“福特”号航母；如果有烟囱，那它应该就是常规动力航母，如我国的辽宁舰具有略“胖”的上层建筑，英国的“伊丽莎白女王”号航母干脆分开设置了两个上层建筑。

但航母上究竟该有多少官兵呢？各国各有想法，很难一概而论。例如，美国“福特”号航母约有4 550名舰员工作生活在里面。

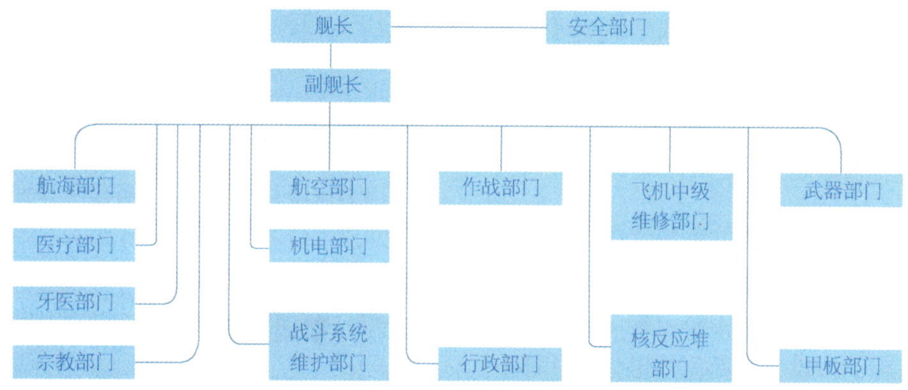

> 图215　美国尼米兹级核动力航母部门设置

表2　世界一些国家航母的舰员编制

国　家	舰　名	满载排水量	人 员 编 制
美　国	“福特”号	约10.1万吨	4 550人
俄罗斯	“库兹涅佐夫”号	约5.9万吨	2 586人（另有40名旗舰军官）
法　国	“戴高乐”号	约4.3万吨	约1 862人（另有60名旗舰军官）
意大利	“加富尔”号	约2.7万吨	696人（另有145名旗舰军官，还可搭载325名登陆兵）
巴　西	“圣保罗”号	约3.4万吨	1 578人
泰　国	“差克里·纳吕贝特”号	约1.1万吨	601人（另有4名科学家）

> 图216　航母上的人员

舰员们的生活

航母就像是一座小型的海上城市，居住着数千的“市民”，每一次出海执行任务，需要为这些“市民”提供数个月的生活资源与生活设施，不仅要保证他们身体健康、精神饱满，还要提高他们的工作效率、生活质量。因此，航母上除设置工作及设备舱室外，还需要设置许多的生活舱室，住舱、卫生间、餐厅、厨房、娱乐和休息室、医务室和停尸房、健身房、洗衣房、小卖部、理发室、邮局、印刷室等，基本上应有尽有。国外有的航母甚至还有小教堂、警察署等。

居住舱室

航母上的空间十分宝贵，不可能为舰

> 图217　航母上精神抖擞的舰员们

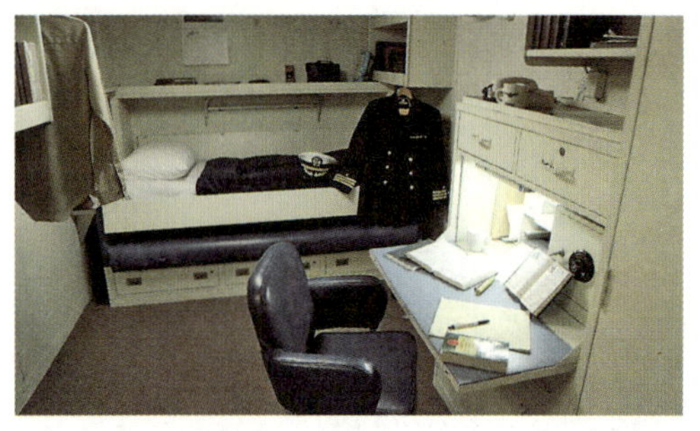
套间

多人间

> 图218 航母上的住舱

员提供特别优越的生活条件，一般按照舰员的军衔级别分配住舱。对于高级军官，可能会居住套间、单人间、双人间。而对于普通的士兵，居住条件要差一些，可能会居住多人间、三层铺，使用集体卫浴；有些只能住大统舱，一个大统舱居住几十人，舱的中间用挡板分开，隔成几个小区，再配上床帘，尽可能营造一些独立的空间。

但对于飞行员，考虑到其工作性质的特殊性，其居住条件会相对更优越一些，一般居住双人间。

对于女舰员，航母上也进行了人性化的设计，专门设置空间独立、功能齐全的女舰员生活区。

餐厅与厨房

航母上有十几个大小不一、类型不同的餐厅。大的餐厅有几百平方米，供士兵分批次用餐。小的餐厅布置有圆桌或四人桌，供高级军官和飞行员用餐。几个餐厅往往处于一个就餐区，可共享一个厨房。

洗衣房

航母上至少配备1间标准洗衣房，用

女舰员生活区

英姿飒爽的女舰员

> 图219 航母上的女舰员生活区

> 图220 航母上的厨师

来清洗、烘干、熨烫各类服饰。一般航母上每名舰员都配备了一个写着自己名字的洗衣袋，衣服脏了，可以放进这个洗衣袋，投进洗衣房自己所属部门的篮子里。衣服洗完烘干后，洗衣房会通知相关部门取用。

健身与锻炼

航母上还设有健身房供舰员运动。在没有任务的情况下，机库和飞行甲板还可作为运动区域，开展跑步、篮球、摔跤等运动及训练。

> 图222 航母上舰员在健身

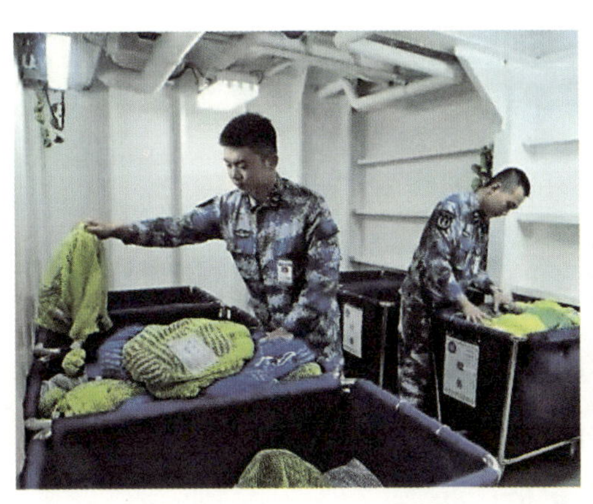

> 图221 洗衣分类

> 图223 舰员在机库里健身

休息室与阅览室

航母上还设置了休息室。在休息室里，舰员们可以阅读、学习、收看电视、观看电影等。另外，航母上还有阅览室，可以借阅图书，陶冶情操！

医疗区

航母上的医疗设施完善，医务人员齐备，运作起来俨然是一座小型医院。此外，在航母上还设有航空检查室，主要用于飞行员的例行检查。同时在机库及飞行甲板上还配有急救箱或便携式救援箱及担架，以便发生事故时可第一时间开展伤员的紧急救助。

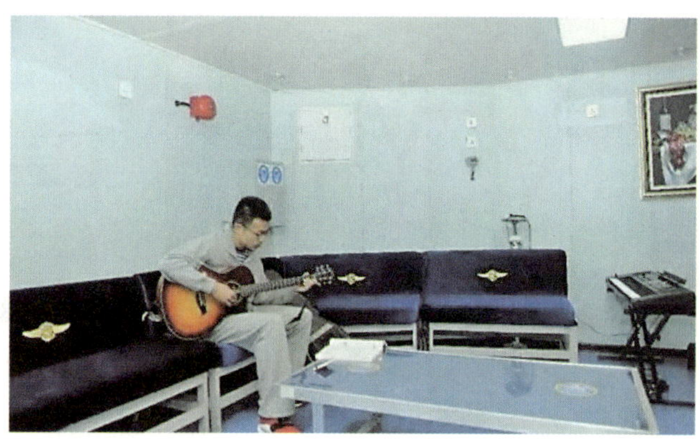

航母上的休息室

航母上的阅览室

> 图224　航母上的休闲区

> 图225　航母上的药房

其他区域

航母上还配备其他生活设施，如超市、邮局、电视台、理发室及自动贩售机等。

航母上的电视主播

> 图226 航母上的超市与电视录播间

航母上的超市

第7章

航母系统构成探究

——航母的主要系统

作为一种以舰载机为主要装备的大型水面战斗舰船，航母涉及造船、航空、电子、兵器、材料、核能等众多技术领域，无疑是兵器王国的集大成者，其系统结构十分庞大、复杂。可以说，航母制造技术直接体现了一个国家的科技发展水平！

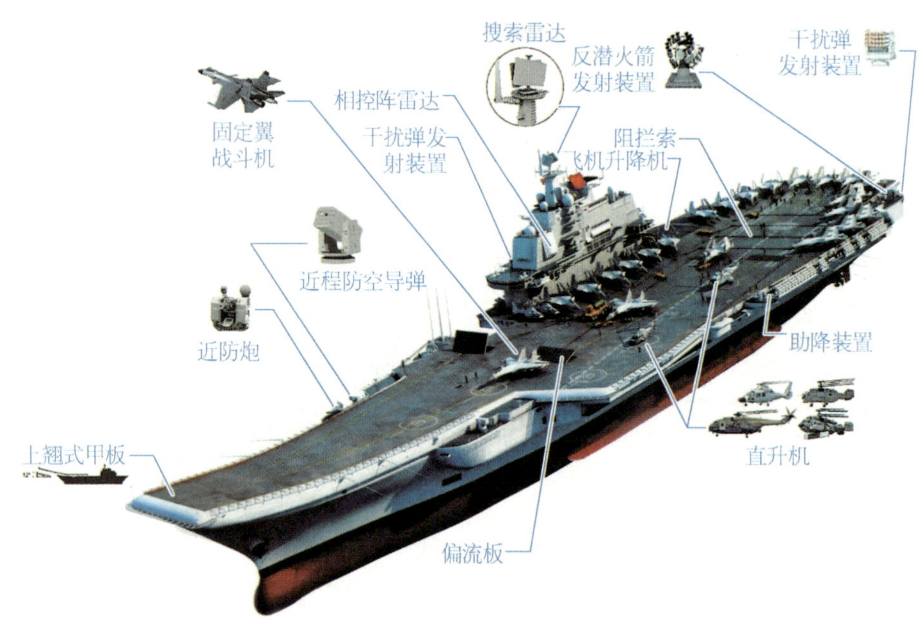

> 图227 航母庞大的作战、航保系统

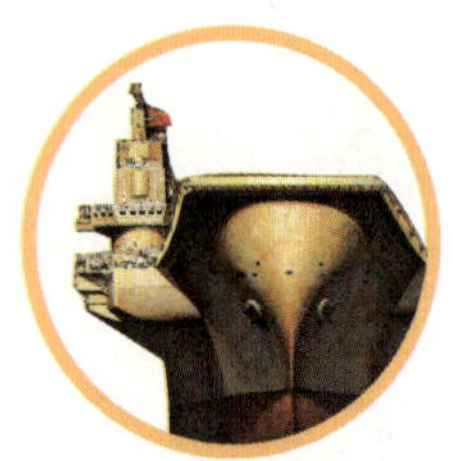

走近航母系统

航母系统构成概况

走上航母，映入眼帘的每一件设备、设施，哪怕是一根缆绳、一个盖子，都有它的“上级领导”，那就是它所属的系统。现在就让我们走近航母系统。一般来说，完整的航母系统包括船体结构、船舶设备、航空保障、动力、电力、作

> 图228 船厂建造的球鼻艏结构分段

战等。

船体结构，用通俗的语言讲，就是船上的“板”呀、“骨”呀之类的，例如船壳、船体骨架、甲板、舱室板等。船体结构需要承受很多外力，例如水压力、波浪冲击力等，是一艘航母“牢不可破”的关键。

> 图229 航母的锚

船舶设备，一般是指为实现一定的功能在航母上使用的各种设备，如使航母能灵活调转方向的舵设备、使航母能停下来的锚设备、危急时实施救援的救生设备、补给物资的补给设备等。航母上的船舶设备真是应有尽有、各显神通，一个个还都是“巨无霸”。

动力系统，是航母能量的主要来源，是航母“跑起来、跑得快”的关键。

> 图230 航母的舵设备

电力系统，为航母编织起了一张“电能巨网”，无论是用电设备还是照明都离不开它。

航空保障系统，不言而喻，是一个“全心全意为舰载机服务”的系统，是舰载机在航母上作业的“忠仆”，内涵丰富、功能众多。

作战系统，就更好理解了，凡是航母上参与作战的系统、设备，如防御武器、通信导航雷达等都属于该“大人”管辖。

这些系统有机结合、各司其职，构成了整艘航母。在航母的一生中，它们相辅相成、缺一不可，始终团结一致地工作在航母的各个岗位，如图231所示。

为了拉近与航母系统的距离，本书主要围绕航母的三个关键系统进行逐一介绍：一是为舰载机作业全心全意服务的航空保障系统；二是开足马力、使航母能够工作起来的动力系统；三是为航母作战时提供武器以及全方位指挥、通信等的作战系统。

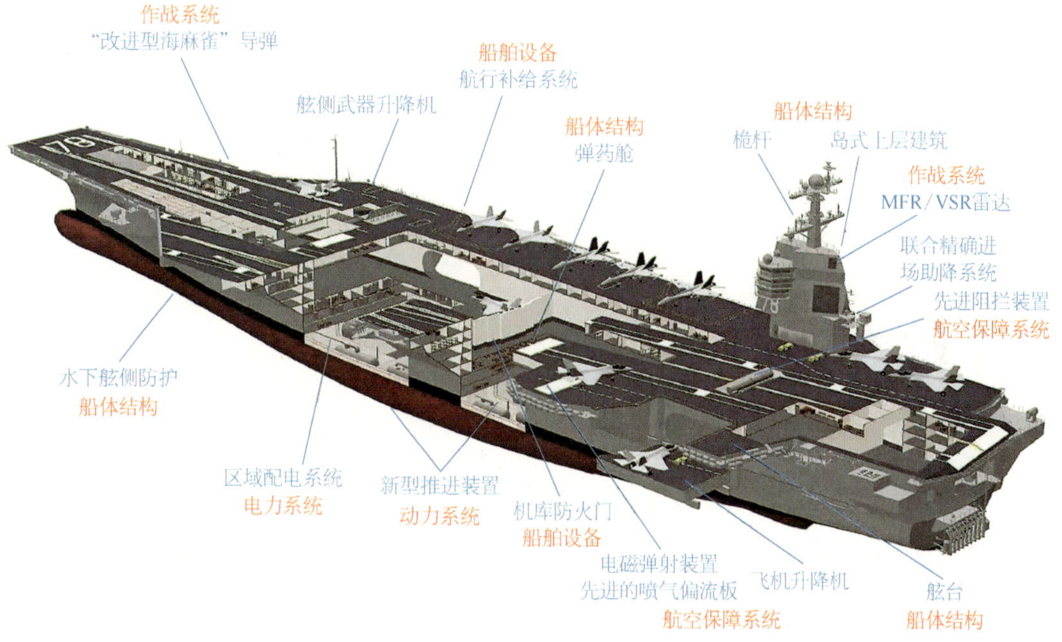

> 图231 航母主要系统示意图

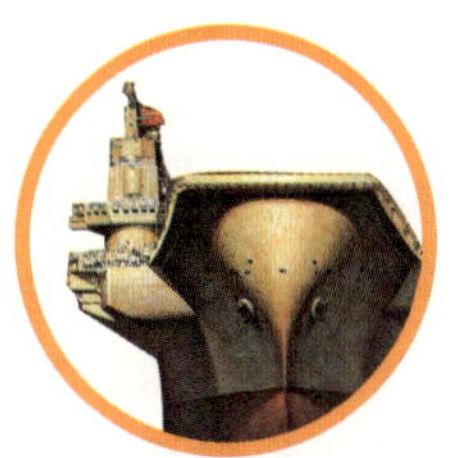

全心全意为飞机服务

航空保障系统

航空保障系统是飞机的“忠仆”，它的任务是全心全意为飞机作业服务。飞机起飞时要提供起飞的保障设施，如弹射装置、偏流板等；飞机降落时要提供着舰的保障设施，如阻拦索、阻拦网、着舰引导装置等；飞机调运时，需要提供让飞机走起来的保障设备，如飞机升降机、牵引车等；飞机保障时，则要为飞机提供油、水、气、电、弹等保障设施。所以航空保障系统以飞机为尊，为飞机提供全方

位、全流程周到体贴的服务。

飞机“弹弓”——弹射装置

航母飞行甲板的起飞区只有百余米长。很显然，在这样短的跑道上，不具备垂直起飞能力的固定翼舰载机单靠自身发动机发出的推力很难一下子滑跑到两三百千米/小时的起飞速度，这时候就可以借助一种专门的“法器”——弹射器。弹射器就像是一张超级“弹弓”，能将固定翼舰载机像一支箭一样迅速射出去，并安全升空。

从第一部弹射装置诞生至今已有100余年的历史，期间研究过的弹射装置类型五花八门，应有尽有，例如弹簧式、压缩空气式、飞轮式、火药式、液压式、火箭式、电动式、蒸汽式、燃气式、电磁式等。但其中被广为应用的当属是蒸汽弹射装置了。如今，蒸汽弹射装置仍活跃在航母领域，尽管可能即将被新一代更先进的电磁弹射装置所替代。当前，美国“福特”号航母已作为先头军开始领略电磁弹射装置别样的风采。

> 图232 弹射器弹射起飞舰载机

蒸汽弹射装置

蒸汽弹射装置实际上是一个大型蒸汽汽缸和一套蒸汽控制系统。蒸汽弹射汽缸是蒸汽“工作”的据点，是一对位于飞行甲板滑槽下的长条汽缸筒，有七八十米长，筒内的活塞与筒外的往复车相连，而蒸汽控制系统是蒸汽“工作”的指挥官。蒸汽弹射装置的原理很简单，跟“嘴吹飞镖”游戏极为相似，蒸汽汽缸就像是一只长条的吹气筒，当汽缸（吹气筒）内被充满了汽，就会顶着活塞（飞镖）飞驰而出。而如果“飞镖”的一头连着架飞机，是不是飞机就能被拖着快速滑跑而弹出了？

飞机升空后，活塞和拖梭被制动缸减速后停下，同时弹射汽缸内的蒸汽需要被排出，然后复位系统会把活塞上的往复车拉回起跑点。

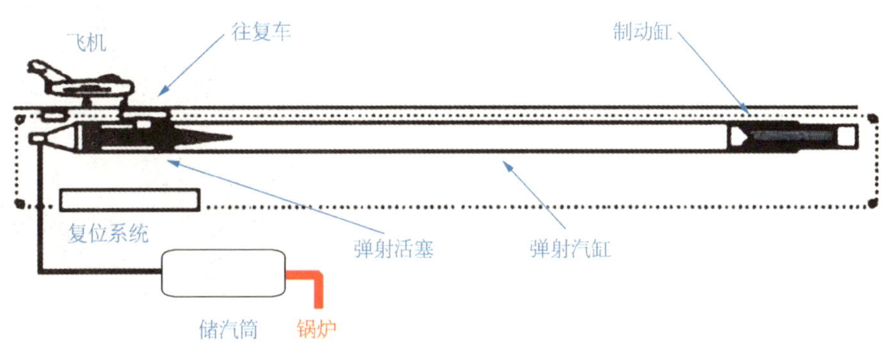

> 图233 蒸汽弹射原理图

目前，美国尼米兹级航母和法国“戴高乐”号航母装设了蒸汽弹射装置。

电磁弹射装置

电磁弹射装置是目前世界上最先进的飞机弹射装置。它的原理跟“磁悬浮”列车颇为接近。通过利用现代电力电子技术，采用飞轮先把舰上的电能转换为机械能贮存起来，当弹射飞机时，它能把贮存起来的能量转变成高频脉冲，从而驱动直

> 图234 飞行甲板滑槽内若隐若现的汽缸筒

蒸汽弹射的优点和缺点

蒸汽弹射装置的优点和带来的好处很多，例如弹射能量高、加速性能好、弹射重量比较大、使得起飞的飞机可以携带更多的弹药和燃料等。从蒸汽弹射装置的使用历程看，无疑它是一位“成功人士”，得到了广泛的工程应用。但是，蒸汽弹射装置确实也存在一些不足，如容积大、重量重、不易维护保养和检修、准备启用时间长、弹射过程中飞机承受加速度变化幅度较大会影响飞机寿命、不能弹射重量较轻的无人机等。

> 图235 工作人员在维护维修蒸汽弹射装置

> 图236 尼米兹级航母清晰可见的四条蒸汽弹射跑道

> 图237 航母电磁弹射装置示意图

线电机的定子和动子产生感应磁场和感应电流，从而动子在电磁力的作用下带动舰载机加速，实现弹射起飞。

尾焰防御盾——喷气偏流板

与起飞装置“称兄道弟”的舰面设备是喷气偏流板。在飞机起飞前，全速运转的喷气发动机会向后方喷射出高温、高速的燃气流，如果任由它到处蔓延，会对后面的飞机和人员产生极大的危害。因此，起飞飞机的后方会架起一块巨大的挡板，它能把飞机燃气流挡住并以一定角度向上偏转，这块挡板就叫作“偏流板”或称“燃气导流板”。

偏流板安装在飞机起飞位置的后方，平时与飞行甲板持平，用时支起，可以挡住飞机喷出的高温高速燃气，保障飞行甲板飞机和工作人员的安全。

小贴士

电磁弹射的优点

与蒸汽弹射装置相比，电磁弹射装置具有精度高、维护维修简单、能弹射无人机、使用方便、准备时间短等优点，因此成为现今世界上最先进的弹射装置。目前美国的“福特”号航母已装上了电磁弹射装置，但尚未形成成熟的使用经验。

> 图238 竖起状态的偏流板

> 图239 起飞前竖起的偏流板

着舰的向导——舰载机着舰引导系统

舰载机通常以航母为基地，它在空中完成任务后就要返回航母，那就必须在飞行甲板这个“海上移动机场”上安全着陆。

对于高空中的舰载机，海上航行的航母犹如火柴盒般大小。而且这个“火柴盒”在大海风浪流的作用下，还在不断地摇头摆尾。这些对于即将着舰的舰载机来说，就是最残酷的考验。

舰载机的着舰，除了需要航母上有经验老到的飞控官给飞行员准确的指令引导外，一个布置在航母飞行甲板后部、影响安全着舰的关键装置开始隆重登场，它就

> 图240 从飞机上看航母（一）

> 图241 从飞机上看航母（二）

是舰载机的着舰引导系统。

20世纪50年代，发明家从照镜子中获得灵感，成功设计出了第一代航母着舰引导装置——反射镜式助降装置。后来又发展出了菲涅尔透镜光学助降系统与全自动着舰引导系统。

菲涅尔透镜光学助降系统

菲涅尔透镜光学助降系统（FLOLS）是在反射镜式助降装置的基础上发展起来的。它由助降镜和稳定平台两部分所组成。稳定平台安装在航母艉部，而助降镜安装在稳定平台上。依靠稳定平台，助降镜所透射出的光束能不受舰体摇摆的影响。在飞行员操控飞机降落时，飞行员可通过助降镜透射的不同光束颜色，判断自己是否在正确的下滑坡面上，是否需要对飞机的下滑角做出修正。

菲涅尔透镜光学助降系统的优点是结构简单，平时使用可靠方便；但最大的缺

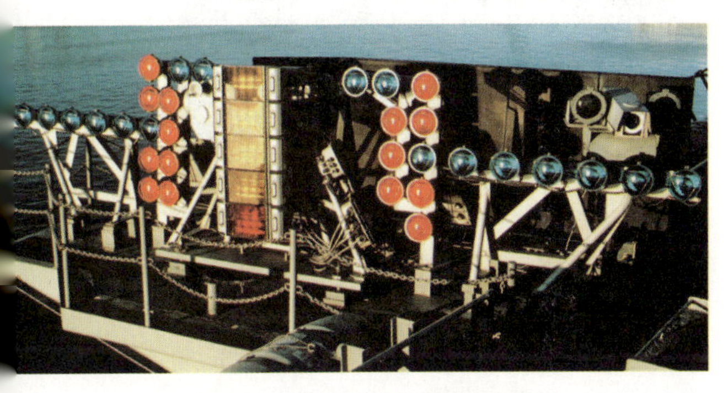

> 图242 菲涅尔透镜光学助降系统

早期航母是怎样助降的呢？

早期的航母并没有助降系统，在飞机降落时采用的是古代战争片中常见的原始沟通方式，即“旗语”。航母上的飞控官通过摇摆像一面旗帜一样的旗板给飞行员传递各种着舰信号。现在想来，那时候的飞机着舰是多么危险啊！

> 图243 菲涅尔透镜光学助降系统引导飞机下滑

点是在暴风雨或大雾天时，灯光的作用距离将大大缩短，这时这种助降装置将变得“有心无力”。

全自动着舰引导系统

全自动着舰引导系统利用精确跟踪雷达获得舰载机的实际位置，由计算机结合航母运动状态计算出飞机着舰的理想触舰点和下滑道，并与舰载机实际位置作比对，从而得到偏差和纠正量，形成舰载机着舰引导指令，发送给飞机。飞机上面的飞行控制系统自动控制消除偏差，从而使飞机按照预定航迹实现安全着舰。

全自动着舰引导系统的装备既可以实现舰载机在夜间和恶劣气候条件下的精确着舰，又可以提高航母舰载机的回收效率，因此与光学助降系统相比，该系统可大大提高航母舰载机的着舰能力。

> 图244 全自动着舰引导系统引导飞机着舰示意图

卫星着舰系统

随着GPS技术的发展，卫星着舰系统应运而生，目前美国正在研制基于GPS的

高精度导航系统（JPALS）。该系统具有高精度、全天候、配置灵活、易维护等优点，是未来全自动着舰引导技术的重要发展方向。

着舰“制动器”——阻拦装置

阻拦装置，也是航母上重要的航空保障装置。顾名思义，是让高速滑行的舰载机在飞行甲板有限的着舰区安全停下来的一种装置，是舰载机名副其实的“制动器”。由于现代喷气式舰载机的着舰速度都很高，达到200～300千米/小时，如果不加以阻拦，飞机着舰后至少要滑行上千米才能停下来，这样是无法在仅有两三百米长的飞行甲板降落的。因此，对于搭载喷气式舰载机的航母必须要安装阻拦装置。

现代航母的阻拦装置主要有两类：一种是阻拦索装置；另一种是阻拦网装置。但无论是阻拦索还是阻拦网都离不开一个重要的设备，即阻拦机，甚至两者可以共用一台阻拦机。阻拦机能吸收舰载机动能，一般布置在飞行甲板的下一层甲板，与阻拦索或阻拦网相连接。

阻拦索

阻拦索就像一条钢索，布置在舰载机着舰路线垂直方向的位置，横挡在舰载机着舰点的前方。一艘航母的着舰跑道会布置3～4根阻拦索，它们以十几米的间隔前后分布，从而可提高阻拦飞机的成功率。

> 图245 一架被阻拦索制动的飞机

当舰载机着舰触碰到飞行甲板面后，在正常情况下舰载机的尾钩会钩住挡在前方的一根阻拦索，从而阻止舰载机往前滑行。当然也有尾钩钩挂不上阻拦索的情况，因此舰载机在触舰时并不关闭发动

小贴士

航母阻拦装置的发展历史

阻拦索可谓是伴随着飞机着舰而诞生，100多年前美国飞行员尤金·伊利在巡洋舰上的“世界第一次着舰”时就用数根钢索进行阻拦，是现今阻拦索的雏形。美国“兰利”号舰队航母率先采用重力型阻拦装置，开启了阻拦装置在航母上应用的奇妙之旅。

为了让飞机在有限的距离内停下来，科学家们可谓是煞费苦心，研发过多种类型的阻拦装置，如重力式、摩擦刹车式、液力式、液压缓冲式等。其中液压缓冲式阻拦装置得到了最广泛的应用。但目前美国已研制成功了电磁式阻拦装置，这是航母发展史上的又一项跨越与进步。

> 图246 舰载机钩挂阻拦索

机，一旦尾钩没有挂索，飞行员会加足马力迅速拉起飞机进行复飞，这也是航母甲板上不设置过多阻拦索的原因。

阻拦网

阻拦网就像一张庞大的渔网，仅在舰载机尾钩放不下、尾钩损伤或舰载机受

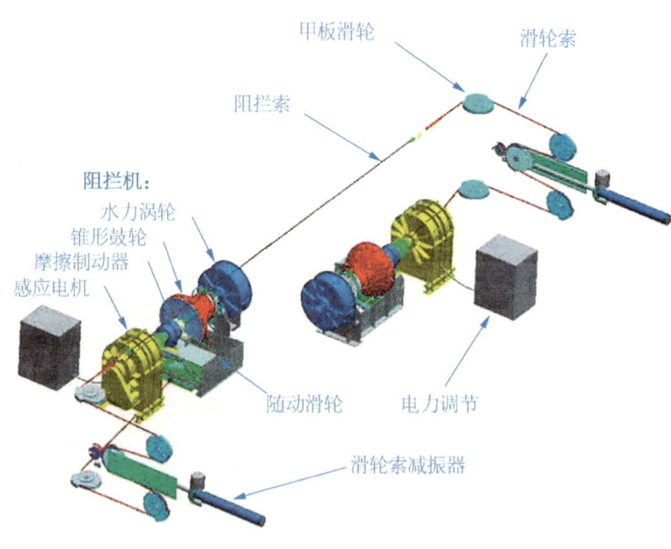

> 图247 电磁阻拦装置原理图

伤、燃油不多而无法复飞及其他非正常着舰情况下使用，是一型阻拦应急设备。阻拦网由阻拦网支柱、阻拦网及附件组成。它一般布置在距舰艉最远的阻拦索附近。在平时，阻拦网支柱“潜伏”在飞行甲板的凹槽内，与甲板齐平。在遇到紧急情况需要使用阻拦网时，航母上工作人员会提前十几分钟完成阻拦网的架设，阻拦网处于随时待命的状态。由于着舰飞机的冲击力非常大，阻拦网装置是一次消耗品，并且在阻拦过程中会对舰载机造成一定的损伤。所以如非万不得已，尽量不要用阻拦网装置。

航母上的电梯——升降机

航母如同一座大厦，里面也分布着一些“电梯”，专业上称为升降机。根据运载对象的不同，航母上的“电梯”可以分成几大类：第一类是专门用来升降舰载机的，它设在机库与飞行甲板之间，称为飞机升降机；第二类是用来升降弹药的，一般设在弹药舱内，可直达机库，或弹药装配区，或飞行甲板，称为弹药升降机；第三类是用来运送货物的，称为货物升降机，如食品升降机可

> 图248 架起的阻拦网

将食品从冷库运送到厨房区域。当然，升降机并不是“专用”电梯，在实际应用中不仅运送指定的货物，有时还会承担其他货物的运输，如飞机升降机除可转运舰载机外，还可以转运武器、弹药等其他货物；在紧急情况下，一些货物或弹药升降机还可作为人员应急撤离用的电梯。

> 图249　同时运送飞机与弹药的飞机升降机

飞机升降机

航母的飞机升降机是实现舰载机在飞行甲板和机库甲板之间升降转运的重要设备。它恪守本分，仅在飞行甲板和机库甲板两地之间活动。

通常对于大中型航母，由于干舷较高，舷侧不易受波浪的拍击，会配设舷侧飞机升降机。这样配设的好处是既可以避免占用机库内宝贵的停机面积，又可以尽量减小对飞行甲板上航空作业的影响。

飞机升降机的升降调运能力通常按搭载一两架大型飞机的要求确定。

对于轻型航母，有时会配设舷内飞机升降机，以避免飞机在升降调运过程中遭受海浪拍击而受损。

> 图250　同时调运两架舰载机的舷侧飞机升降机

现代航母上飞机升降机一般采用液压驱动的钢索滑轮组进行传动。飞机升降机上配设有系留设施，以保证舰载机在升降过程中能得到安全可靠的系留固定。当飞机升降机上升到与飞行甲板齐平位置时，液压锁销自动伸出将升降机平台支撑在飞行甲板上；而当下降到与机库甲板齐平位置时，则由安装在船体上的减振支座将升降平台支撑住。

弹药升降机

现代航母所携载航空弹药量非常庞大。如尼米兹级航母，航空弹药携载量达到2 000多吨。为了安全存放弹药，航母上设置了用于专门、集中存放航空弹药的弹药库。而弹药升降机是航空弹药贮存环节必不可少的一项装置。

弹药升降机可将从补给船上补给到的弹药垂直运送到弹药库，也可以将弹药库内的弹药运送到弹药装配区。航空弹药升降机一般要比飞机升降机小很多，是根据运载弹药量而确定的。

飞机的绑扎带——舰载机系留设施

航母在波浪中航行，不时做各个方向的摇摆运动，因此在航母上的舰载机只要停下来，就必须被牢牢地“绑”住。基本

> 图251　舷内飞机升降机

> 图252 弹药升降机

上舰载机停到哪就要绑到哪。在航母上我们把“绑”这个动作称为“系留”。舰载机的系留设施有系留座和系留索具。系留座多采用埋入式、呈矩阵布局；系留索具的长度能做大幅或微幅调节。系留设施的方案与承载能力应保证航母在最恶劣海况下也能安全可靠地系留住飞机。

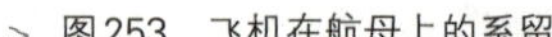

> 图253 飞机在航母上的系留

> 图254 牵引车在航母上牵引飞机

> 图255 飞机无杆牵引车

飞机的牵引车——舰载机调运设施

航母上的舰载机一般情况下如在机库里是不能自由滑行的，那么怎样才能让它动起来呢？这就离不开配有动力的飞机牵引车了！

飞机牵引车的外形各异，为了实现灵活有效的使用，一般做得十分低矮和小巧，而且车身四周尽可能没有任何突出部件，既可以尽可能少地占用飞行甲板的面积，又可以方便自如地在飞机头和机翼下活动。

当前，新型的可缩短牵引长度的无杆牵引车引人瞩目，它利用挂钩将飞机前轮抬起，这样牵引车就成了飞机的前轮，可控程度好，牵引作业效率得到了成倍的提高。

> 图256 采用小车转运弹药

弹药的存储与转运——航空弹药贮运系统

航空弹药是航母上非常重要的一种物资。航空弹药贮运系统是航空弹药的“忠仆”，一门心思为航空弹药提供各种服务，担负航空弹药的贮存、转运、辅助挂弹等各种任务。

要想与航空弹药贮运系统交上“朋友”，需要了解一下这位“朋友”是如何工作的，即航空弹药贮运作业流程。一般，航母上的航空弹药贮运作业可划分为弹药库内的贮存、弹药的取出、弹药的转运、在指定区域的弹药装配以及挂载等。

> 图257 弹药的装配

航母整个弹药贮运作业看似简单，实则非常复杂，涉及航母上多层甲板、多个舱室、多个区域，需要使用起吊设备、弹药升降机、弹药推车等多种装备。

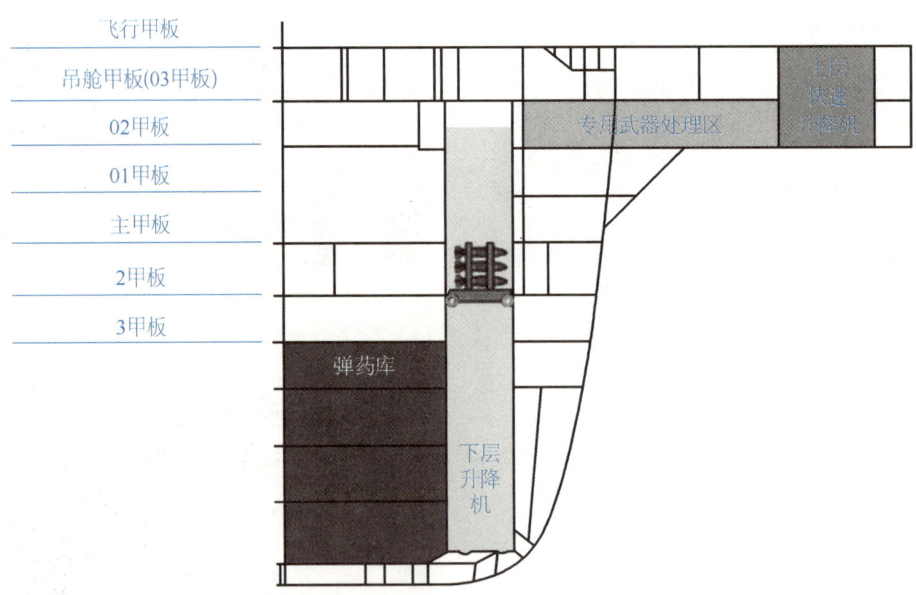

> 图258 航空弹药贮运流程所经过的甲板与区域

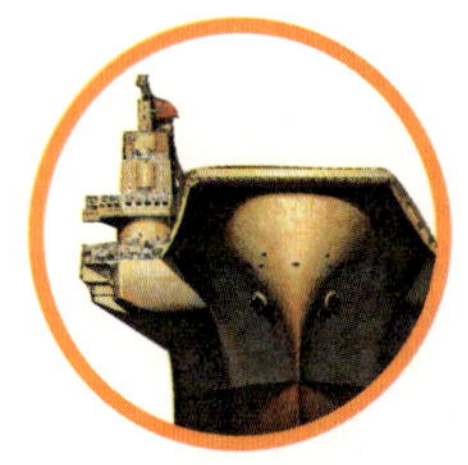

加足马力为航母助航

动力系统

航母的动力系统可以说是航母全舰能量的主要源泉，它能让数万吨的钢铁怪兽以高速在海上“飙车”。一旦动力系统失灵，航母就基本瘫痪了，所以动力系统是航母上非常关键的系统。

动力系统一般以主机类型命名，如柴油机、蒸汽轮机、燃气轮机和核动力等。目前主宰航母的动力系统主要有三种，分别是蒸汽轮机、燃气轮机与核动力。前两者为常规动力，以油为燃料；后者以核反应堆为能源，基本上是取之不尽、用之不竭！

动力之“老法师”——蒸汽动力

蒸汽动力装置是动力界的“老法师”，已过“期颐之年”，技术已经相当成熟。它是以蒸汽轮机作为推进主机，主要由锅炉、汽轮机、冷凝器以及相关的机械设备所组成。

蒸汽动力装置具有单机功率大、转速调节方便、寿命长、工作可靠、技术成熟的特点，而且它对燃料也没有很高的要求，可以使用低质重油，所以在20世纪的航母上得到了广泛的应用。

但是金无足赤，人无完人，蒸汽动力装置也有其不足，如存在热效率较低、耗油量大、体积庞大、装备笨重、需要较多的操作岗位和值班人员等。而且，蒸汽动力的烟囱必须要布置在航母的上层建筑里，造成上层建筑非常庞大，占用了飞行甲板的面积，牺牲了全舰的隐身性能。同时大量排烟还会对电子设备和天线带来不利影响。可见，蒸汽动力装置是一种性能常规却十分实用的航母动力装置。

目前，我国“辽宁”号、俄罗斯“库兹涅佐夫”号等航母采用蒸汽动力装置。

小贴士

航母是怎样开动的呢？

航母的动力系统包含主动力能量产生、传递、消耗的全部机械与设备，简单来说，是为航母提供推进动力，保证航母以一定航速航行的各种机械设备，如锅炉、主机及其附属设备等，是航母的心脏。主机一旦启动，便可驱动齿轮箱和轴系等传动设备，推动螺旋桨等推进器进行工作，航母就开动了起来。

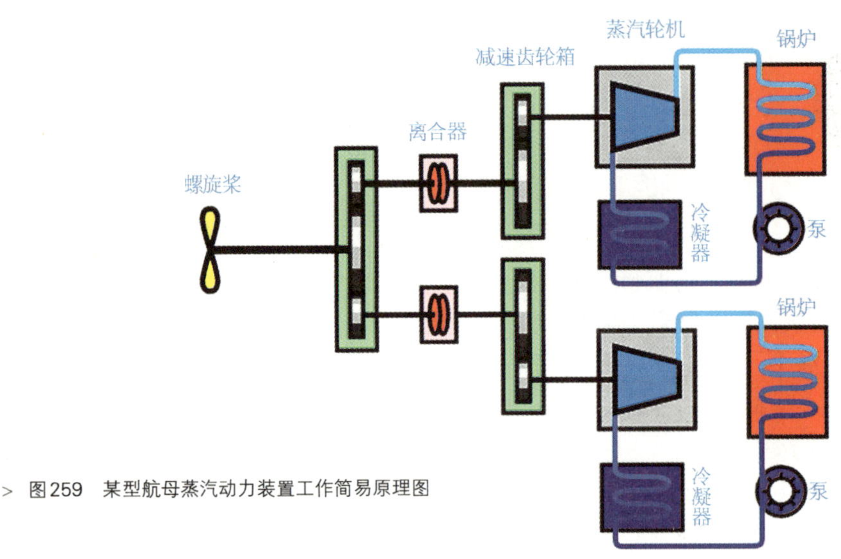

> 图259　某型航母蒸汽动力装置工作简易原理图

> 图260　主动力采用蒸汽动力的辽宁舰

> 图261　主动力采用燃气动力的英国“伊丽莎白女王”号航母

后起之秀——燃气动力

舰用燃气轮机是在航空燃气轮机应用以后发展起来的新型动力装置。20世纪70年代，舰用燃气轮机进入迅速发展时期。它主要由压气机、燃烧室、动力涡轮以及相关的机械设备所组成。燃气轮机的工作原理是将燃气轮机压气机送出的压缩空气在燃烧室中与燃油混合燃烧，产生高温、高压燃气冲击动力涡轮做功，动力涡轮通过减速齿轮箱等传动设备驱动螺旋桨。

燃气轮机具有很多优点，如启动加速快、全负荷时燃油消耗低、振动与噪声小、结构紧凑、重量轻、操纵方便、维修性好等；但难以避免地也存在着一些缺点，如低负荷燃料消耗率高、高温热源大、对环境敏感、进排气装置尺寸大、寿命短、造价高等。

目前，英国“伊丽莎白女王”号航母采用燃气动力装置。

蒸汽动力的工作原理

蒸汽动力的工作原理是：燃料首先在锅炉内燃烧，从而加热锅炉水管中的水使其产生高温、高压蒸汽，蒸汽进入汽轮机内进行膨胀做功，将蒸汽的热能转换为汽轮机旋转的机械能，经齿轮减速器和轴系驱动螺旋桨，从而推动航母前进。

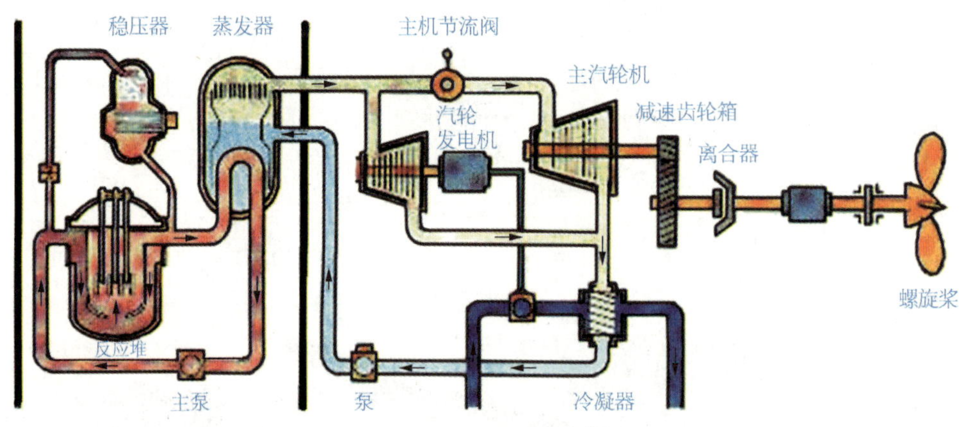

> 图262 核动力工作原理图

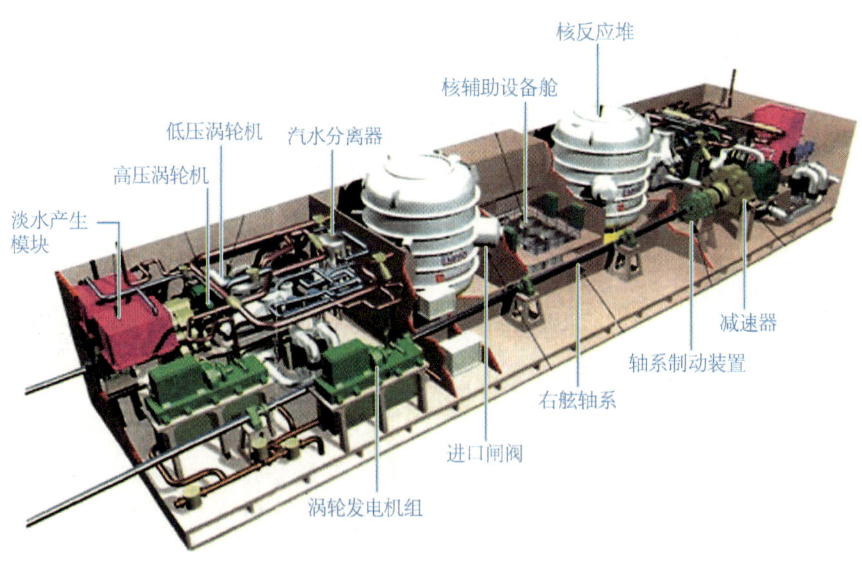

> 图263 核动力装置在“戴高乐”号航母上的布置示意图

> 图264 安装核动力装置的美国“福特”号航母

取之不尽的“宝泉”——核动力

核动力是一种很具发展潜力的动力源，因为无须装载动力燃料，因此可以使航母节省出大量空间和载重吨位，而且无穷无尽的能源也可以大大改善舰员的居住和工作条件。但核动力装置系统设备复杂，体积和重量较大，而且存在放射性污染的可能性。因此，很多港口对核动力船进港十分忌讳。

目前，美国的在役航母和法国的“戴高乐”号航母采用核动力装置。

小贴士

核 动 力

核动力是以核反应堆代替普通燃料来产生蒸汽的汽轮机装置。它由反应堆及一回路系统、二回路系统和推进系统等几部分组成。核动力装置工作的基本原理是：反应堆中发生核裂变将核能转换为热能，冷却剂在主泵的驱动下流经堆芯将热量带出，循环至蒸汽发生器产生蒸汽，然后输送给二回路系统，供应主汽轮机、汽轮发电机等用汽设备，产生推进舰船的动力和全舰所需的电力。

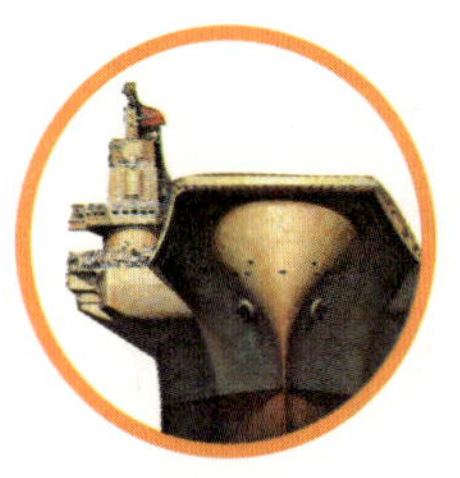

防御出击，为航母提供作战与指挥能力

作战系统

航母作为海军水面舰艇大家族中的一员，其作战系统任务重大、功能全面，注重编队指挥能力、编队内外的通信能力、情报信息处理能力、空中指挥与控制能力以及自防御能力等各种能力的协同发展。

作战系统的总体构成

航母的作战系统，总体说来，主要可以分为信息源、指挥控制系统和武器等三大类。

信息源

航母要顺利执行各种各样的作战任务，首先要能够发现目标。信息源就是来

> 图265 航母上的雷达天线（一）

> 图266 航母上的雷达天线（二）

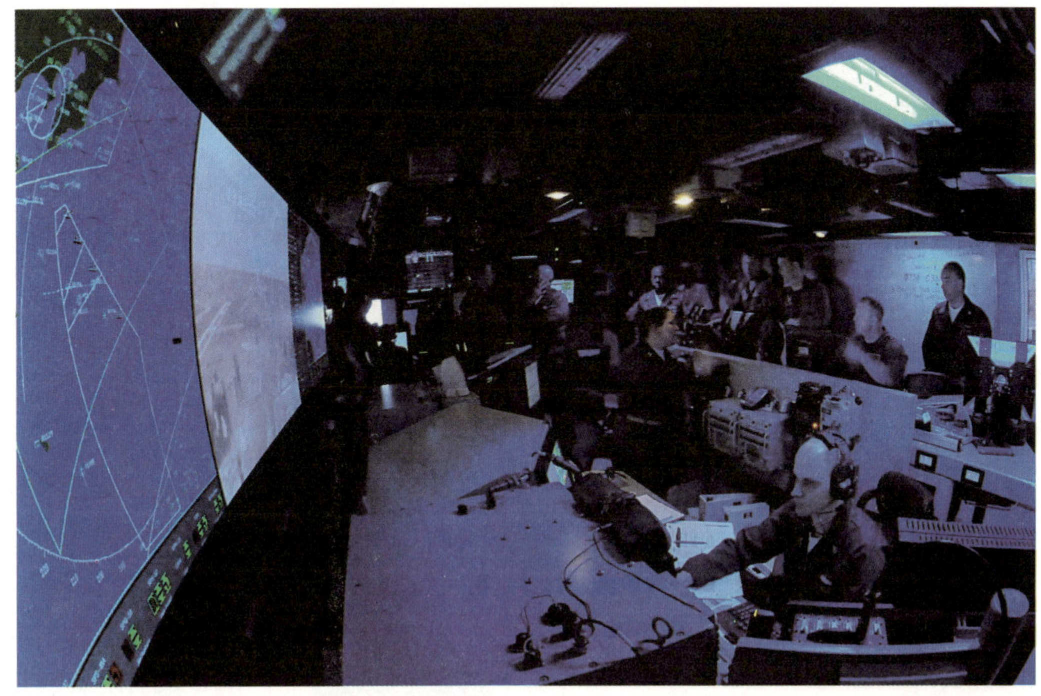

> 图267 航母作战指挥室

执行这一使命任务的“使者”，一般包括雷达、声呐等探测设备，进行信息传输的通信设备，航母特有的航空管制，以及导航设备等。

指挥控制系统

指挥控制系统是航母作战系统的核心，可以为航母提供强大的编队与本舰作战指挥控制能力。航母和编队中的护航舰艇分工协作，利用指挥控制系统和通信系统建立起一种层级式的编队作战指挥体系，执行防空、反舰、反潜和对陆攻击等作战任务。

武器

航母的武器，从广义上讲，不仅包括航母配置的自防御武器，而且还包括舰载机；而狭义上讲，航母的武器仅指自防御武器。自防御武器需为航母提供分层的综合防御能力，从水下到水上到空中，一般包括近程武器系统、近远程有源/无源电子干扰等。

航母的防御绝技

为了应对各种威胁，航母上除了舰载机外，还装备了攻击性很强的巡航导弹，能够攻击数千公里内的地面目标；还装备了航空导弹、舰舰导弹等防御武器，以及用于近距离自卫的武器，如舰炮等。

> 图268 航母上的武器

> 图269 发射导弹

航母的防御武器系统也是航母战斗力的一种体现，主要包括对空、对潜和对鱼雷等防御系统。防御武器系统是航母战斗力的重要保障。

对空防御

按照分层防御的原则，对空防御武器主要由战斗机、中远程防空导弹、近程防空导弹、防空火炮等组成，将其火力分别配置在远、中、近三个对空防御火力圈上。

对潜防御

航母广义的反潜武器系统通常由三部分组成，即固定翼反潜飞机、反潜直升机和舰载反潜武器系统。以美国为代表的西方国家，其航母并不装备反潜武器系统。

鱼雷防御

对鱼雷防御系统（又称反鱼雷系统）主要由鱼雷报警系统、拦截系统和诱饵系统等组成。使用时通常采用硬杀伤和软杀

> 图270 航母上近程防御武器系统

伤相结合的形式，发现鱼雷后放出诱饵诱骗来袭鱼雷，使其失去作用，或者尽快发射攻击武器以击毁鱼雷。随着现代鱼雷技术的快速发展，高速远距离攻击鱼雷的威胁越来越大，如何扩大航母及其编队(战斗群)的对鱼雷防御范围，提高反鱼雷能力，正逐渐成为各国海军加紧深入研究的课题。

航母上的作战指挥部位

以编队形式作战的航母，它的构成特别复杂，涉及的层次多、部门多。作为一名优秀的航母编队作战指挥人员，必须首先明确航母编队复杂的层次或隶属关系，掌握航母编队的各个主要指挥部位。只有这样才能利用作战指挥控制系统，确保上下贯通、左右配合密切，最大限度地发挥各个指挥部位的作用。

> 图271 航母上防空导弹系统

航母编队指挥所

航母编队指挥所是整个航母编队的指挥中心，需要全面了解编队的作战态势，并进行指挥与决策，是航母上的核心部位。其主要职责有：分析和评估编队作战的态势和各种参数；指挥编队所有舰只和舰载机联队的作战活动；组织并形成航母编队的攻防体系等。

本舰指挥所

本舰指挥所除了执行一般水面舰船通常作战指挥工作外，另外还增设了航空保障部门和飞行塔台指挥所。

航空保障部门则主要负责舰载机的各项战斗勤务保障，主要包括：航空供油、航空供气、航空供电、舰载机起降保障、舰载机调运保障、航空弹药贮运等。

飞行塔台指挥所主要依托飞行指挥塔台实施指挥。其主要职责是：舰载机的起降指挥和引导。此外，飞行塔台指挥所还负责协调通信、领航、导航、航空管制、气象等作战勤务保障部门，并按要求协助飞行指挥员开展飞行指挥工作。应当指出

> 图272 航母指挥所

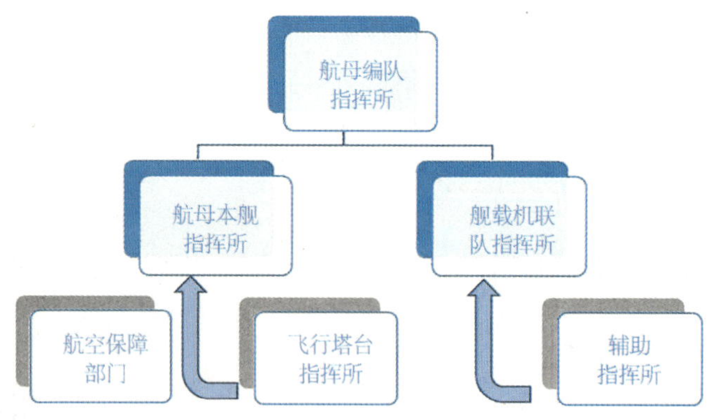

> 图273 航母作战指挥所层次关系

的是，飞行塔台指挥所不直接指挥舰载机的作战，属于非作战方面的指挥。

舰载机联队指挥所

舰载机联队指挥所的主要职责是：制订舰载机的作战计划；舰载机战斗准备，如向飞行员下达指令等；对所属舰载机的作战行动实施具体指挥。

通常，在航母编队指定的对空指挥能力较强的某艘巡洋舰或驱逐舰上，还增设舰载机联队辅助指挥所，主要担负舰载机前出作战的指挥和进入航母着舰前的识别引导任务，以及对某个空域、某个方向临空舰载机的指挥引导和部分救护任务的临空指挥等。

值得一提的是，舰载机联队辅助指挥所的另一个主要职能是对返航舰载机进行识别。当舰载机执行完任务返航时，进入航母编队“进近管制空域”前，必须通过该舰上空进行识别，之后方可进入航母编队“进近管制空域”，然后在航母飞行塔台指挥所指挥下进行着舰飞行。舰载机联队辅助指挥所只是在舰载机联队指挥所的授权下实施指挥，没有筹划整个舰载机联队作战的人员和职能。

而舰载机联队中的预警机则在舰载机联队指挥所及其辅助指挥所的指挥下，为航母编队提供早期空中预警，与舰载机联队指挥所及其辅助指挥所的指挥引导部门协同，主要负责对舰载机联队作战空域或某个方向、某些批次舰载机兵力的指挥引导。

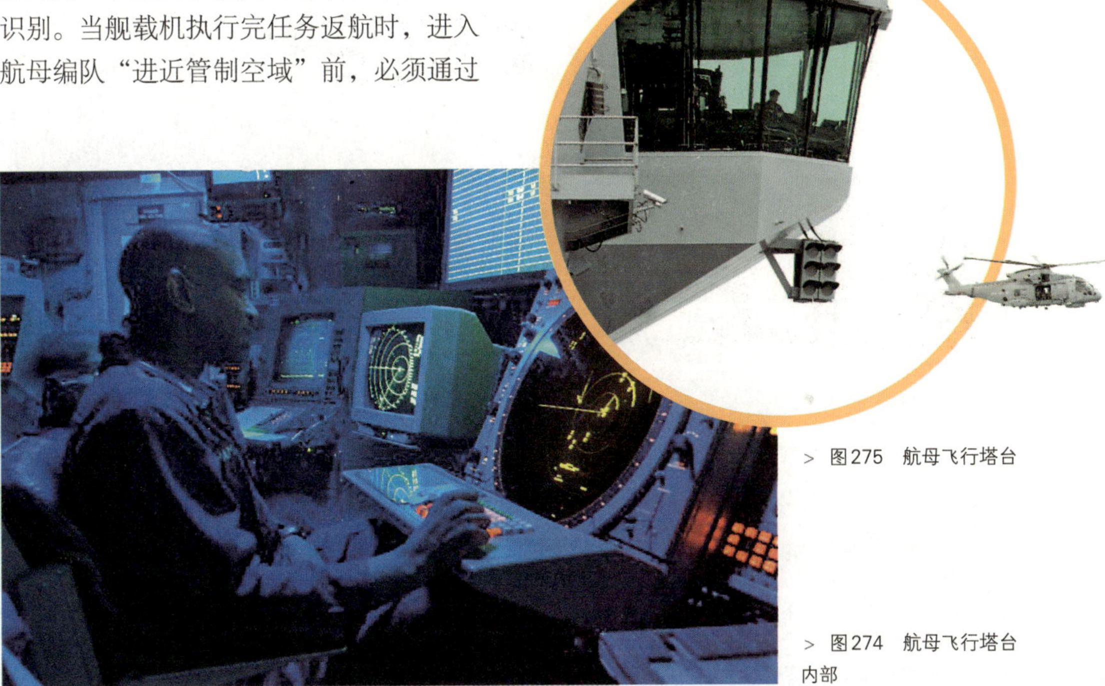

> 图275　航母飞行塔台

> 图274　航母飞行塔台内部

> 图276 航母预警机

第 8 章

航母之称霸武技

——航母的舰载机

作为海上巨无霸，航母的“称霸武技”无疑是其舰载机，通过舰载机可以对数千公里以外的敌目标进攻。

舰载机是航母战斗力的核心体现。现代航母的舰载机发展迅速，数量多，种类全。它们自成体系、功能齐全，反应速度快、机动能力强、作战手段多、执行任务广，具备攻防一体的体系作战能力，是航母编队的核心作战力量。一旦作战需要，舰载机就可像利剑一样直插海空。

> 图278 航母与舰载机

> 图277 从航母上空掠过的飞机战斗群

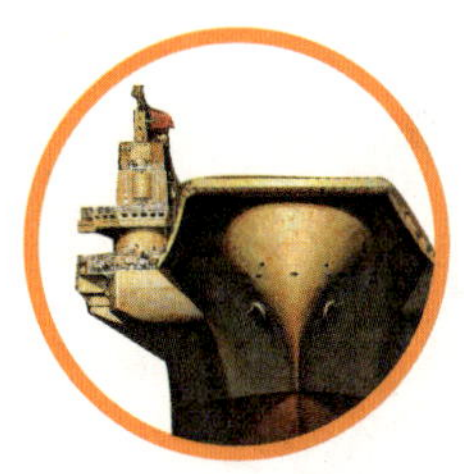

舰载机的素养

舰载机的特点

在开始舰载机的篇章之前，我们需要明白一个概念，并不是所有的飞机都能成为航母的舰载机。飞机要上航母必须满足一定的条件，拥有一定的“素养”。

起降方面的素养——具有良好的性能

由于舰载机起降的航母飞行甲板尺度狭窄、环境恶劣，与陆基飞机相比，舰载机在气动性能、强度等方面具有严格的要求。

良好的起降气动性能

对于舰载机，其起降性能与高速飞行性能的矛盾尤为突出。当矛盾无法调解时，设计师只能向起降性能要求妥协，从机翼等设计方面狠下功夫，不仅要确保基本的起降能力，而且要提升飞机在复杂气流条件下起降作业时的稳定性和可操作

> 图279 在翱翔的航母舰载机

性。可以说，良好的起降气动性能是舰载机上航母的最基本素养。

强健的机身

固定翼舰载机在航母上着舰，需要依靠阻拦索或阻拦网。根据作用与反作用定律，舰载机需要承受与阻拦装置同样大的力，所以固定翼舰载机必须拥有强健的机身。

强壮的起落架

与陆基飞机相比，在固定翼舰载机起降时其起落架要承受来自弹射器、阻拦索的巨大冲击力，因此舰载机的起落架必须具有更强的承载能力，从而起落架重量会更大，主轮距也更宽。

配设强有力的阻拦钩

阻拦钩是保障舰载机安全着舰的关键设备，一般安装在舰载机后机身的下方。固定翼舰载机着舰时，需要在几秒钟内以百米左右的距离停住，可想而知，阻拦钩要承受多大的冲击力！

> 图281　航母阻拦钩钩住阻拦索的瞬间

> 图280　辽宁舰舰载机强健的机身与起落架

良好的视野

从准确对准航母的斜角甲板着舰区到阻拦钩成功钩住阻拦索的时间仅有几秒钟。为确保飞行员在如此之短的时间内能够与舰上着舰装置及信号形成有效的“对话”，舰载机必须拥有良好的视野。为了改善舰载机的视野，往往采取下垂机头、加高座舱等措施，因此哪怕是损失部分飞行阻力也在所不惜。

停放方面的素养——适应能力强

舰载机要想在航母上存放，必须适应航母海上自然环境、航母内部布局的要求。

极强的环境适应性

航母舰载机的主要活动区域在海上，即使是不飞行时通常也都停放在航母上。由于海洋环境的影响，舰载机要适应海上高温、潮湿、盐雾、霉菌等各种大气环境条件，与陆基飞机相比，这些条件要恶劣许多。因此，包括机体在内的舰载机机上设备，都应具有极强的环境适应能力。

尽可能少占用甲板面积

航母飞行甲板和机库的面积都非常有限。为了安全、合理地利用好舰上的每一寸甲板面积，设计师们脑洞大开，大部分舰载机的外翼段都考虑折叠（或折转），甚至有些大型飞机的机头、垂直尾翼、水平尾翼也要折叠或折转；有时连舰载直升机旋翼和尾梁也可以折叠。通过舰载机的这些折叠手段，单架舰载机占用甲板面积得以减少，从而提高了航母甲板的有效利用率。

作战方面的素养——具有优良的海上作战性能

舰载机的核心使命就是担负海上作战的任务，因而与一般陆基飞机相比，舰载机必须具有优良的适应海上作战的性能。

攻防兼备的多用途能力

舰载机需满足攻防兼备的多用途能力要求，这不仅是出于攻势作战的需求，同时也是为了减少航母搭载机型、简化舰载机的后勤保障、提升出勤率。

> 图282　航母上折叠着的舰载机

> 图283　辽宁舰上具有优良作战素养的舰载机

具有高效的协同作战能力

由于航母是以编队的形式实施作战行动的，因而要求舰载机能与编队中的各种舰艇、其他作战飞机进行高效的互联互通，增强其协同作战能力。

具有足够的航程和载弹量

为了避免来自陆地的攻击，航母一般会尽可能地远离前沿阵地，并且委派“战斗力代言人”舰载机冲锋陷阵，无论是遂行攻击或截击，还是夺取制空权，都必须挺身而出。在这种情况下舰载机必须具有足够的航程和充足的载弹能力，只有这样才能有效提升单架次的作战效能。

具有先进的电子设备

与陆基飞机相比，舰载机需要考虑起降等许多额外的因素，因此不可避免要付出重量上的代价，从而机动性能会有所降低。但是，在空战中难免会与陆基飞机较量一番，为了在作战中保持一定的优势，舰载机必须具有更为先进的电子设备。

具有较高的可靠性与较好的维修性能

由于航母上的资源有限，频繁的维修和过多的大修必将极大降低舰载机的整体作战能力，因而舰载机必须具有较高的可靠性和较好的维修性能。

综上所述，能上航母的舰载机必须经过严格的技术论证和无数次的试飞试验，经过一系列的考核合格后才能被选为定型上舰的舰载机。

> 图284　辽宁舰上的舰载机

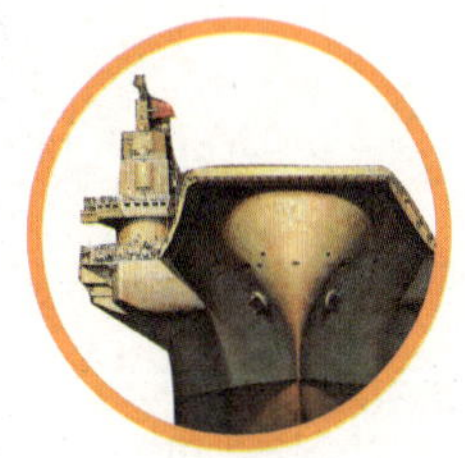

舰载机群雄斗技

舰载机的类型

航母舰载机根据不同的分类方法有不同的“称呼”。按推进方式，可分为螺旋桨飞机和喷气式飞机；按升力生成原理，可分为固定翼飞机和旋翼机（直升机）等；按起降原理，可分为常规起降飞机、垂直/短距起降飞机和舰载直升机等；按飞行速度，可分为亚音速飞机和超音速飞机；按气动布局，可分为常规气动布局、鸭式气动布局，以及固定后掠角机翼和可变后掠角机翼飞机。

为了使读者更清晰地了解航母的舰载机，以下按舰载机的作战任务来瞧瞧各种舰载机是如何群雄斗技的。

空战高手——舰载战斗机

舰载战斗机是用来进行空战的作战飞机，是“空战高手”，装备有航炮、空空导弹和航空炸弹等多种武器。我国习惯上又称歼击机，如歼–15就是舰载战斗机。

现代海上作战，空中威胁是须首要解决的问题。航母作为舰载机的伴侣，为了能够有效歼灭敌机和其他空袭目标，应配置一定数量的舰载战斗机，从而为夺取并保持作战海区的制空权，为航母编队及其他舰载机的作战行动，提供安全的空中保障。

现代航母配置的战斗机通常由多用途作战飞机兼任，兼备战斗机和攻击机的特点，既有战斗机的高速飞行和空中格斗的能力，又有较好的远距离对海(地)攻击的能力。如美国航母上配置的F/A–18E/F“超级大黄蜂”战斗/攻击机。

采用多用途作战飞机的目的是，在携载飞机数量固定的情况下，可尽可能多地增加执行不同任务的战斗机数量。如一艘航母能够携载60架战斗机和攻击机，平均分的话，执行战斗任务的和执行攻击任务

> 图286 飞行中的航母舰载机

> 图285 中国歼–15战斗机

的飞机各占30架。如果采用多用途作战飞机，则执行两种任务的飞机最多可达到60架，大大增加了舰载机的作战能力。

舰载战斗机可随航母长时间在海上航行，一旦作战需要，即可迅速从航母上起飞，执行空中战斗任务，所以它已成为现

> 图287　美国F/A–18F多用途战斗机

代海战中一支重要的威慑和打击力量。毋庸置疑，舰载战斗机是航母舰载机联队不可或缺的主战机种。

海陆行家——舰载攻击机

舰载攻击机是对水面或地面目标进行攻击的武器，是海陆行家。航母作为一种攻击性的武器系统，舰载攻击机是航母具备进攻作战能力的核心力量，无可争辩是

航母的舰载机

航母的舰载机是以航母为基地的海军飞机，主要用于攻击空中、水面、水下和地面目标，遂行预警、侦察、巡逻、护航、补给、救援和垂直登陆等多样化任务，是海战场上夺取并保持制信息、制空和制海权的重要力量。

> 图288 美国A-6E舰载型攻击机

航母最重要的舰载机种之一。

现代舰载攻击机大多可以全天候活动，具有优良的低空、超低空飞行性能，航程远、载弹量大，可携带多种攻击武器，其前部的关键部位均有装甲保护。

航母携载攻击机的数量，一定程度上决定了航母对水面或地面进攻作战的能力。因此，大力提高攻击机的综合作战能力，尽可能配置数量较多的攻击机，是航母提高作战能力的常用做法。美国20世纪90年代的A-6E“入侵者”是典型的舰载攻击机。如前所述，现代舰载攻击机通常被多用途舰载机所代替。

锐利鹰眼——舰载预警机

航母目标庞大，如果不能实现超过反舰导弹射程的远距离预警，航母及其编队的生存就会受到严重威胁，因此航母必须依托舰载预警机前出一定距离，在威胁方向上为航母实施空中早期预警。

预警机的外形特征比较明显，就如一名即将出行的旅行者，身背笨重的行囊——其实是专门的雷达天线，可以实现较远距离的对海、对空目标探测，并可对目标进行敌我识别，判定目标的高度、方

> 图289 身背行囊的“旅行者”——预警机

> 图290　美国E-2C预警机

位、距离和速度，并同时跟踪数百个目标。

舰载预警机作为航母特种舰载飞机，既可用于舰队防空预警，作为航母编队的“鹰眼”；又可指挥、引导己方飞机作战，作为航母编队的“空中司令部”，集预警、指挥、控制、通信和情报于一体。舰载预警机具有反应快、探测低空目标性能好、指挥控制能力强的特点，可随航母赴远洋活动。美国E-2C就是一款典型的“鹰眼”预警机。

大型航母一般应搭载一个中队的固定翼预警机（4～5架），作战时轮流升空，保证航母上空24小时都有预警机预警。

预警机对于航母的意义不言而喻，每个国家都希望拥有预警机。然而固定翼预警机技术难度大、价格昂贵，不是任何国家都能顺利研制成功的。另一方面，固定翼预警机体积较大，有的国家是轻型航母，由于排水量和尺度的限制，不能搭载固定翼预警机，因此预警机上舰问题一时难以解决。

这种情况下，有的国家利用战斗直升机改装成预警直升机，用来执行航母上的空中预警任务，这种方法解决了航母空中预警从无到有的问题，但直升机预警半径较小，数据综合处理能力也相对有限，对现代航母的需求而言的确是有些捉襟见肘。

电子达人——电子战飞机

电子战飞机的主要任务是为航母及其编队中的其他兵力担负电子侦察和战术电子干扰。进攻作战中，电子战飞机是编组

> 图291　中国直-18Y预警机

> 图292　美国EA-6B电子战飞机

兵力中必不可少的机种。通常电子战飞机伴随攻击机一起行动，在主要攻击行动前对敌方雷达和作战系统实时实施干扰和欺骗，使敌方的防御设施处于瘫痪状态，从而为攻击行动创造有利条件。电子战飞机一般可用攻击机或其他飞机改装，如美国EA-6B“徘徊者”就是由A-6攻击机改装而成的。

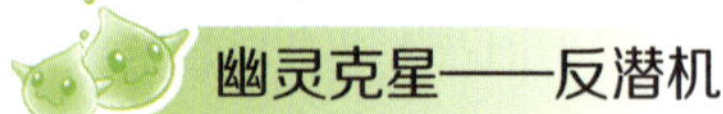

幽灵克星——反潜机

潜艇是航母的主要威胁兵力之一，航母上必须配备一定数量的反潜作战飞机，以独立或协同编队中其他兵力对既定航道或海域实施有效反潜，排除敌潜艇的威胁。舰载反潜机通常具有较长的续航时间和优良的低空性能，并配备了探潜设备和反潜武器，能够有效地执行反潜任务。

但反潜机的自卫能力非常弱，受到空中兵力攻击时生存概率小，因而反潜机实施反潜作业时，必须在其活动海域获得局部制空、制海权。大型航母上的反潜机有固定翼反潜机和反潜直升机两种。以美国海军的S-3B“北欧海盗”为固定翼反潜机的代表，以SH-3H“海王”为反潜直升机的代表。

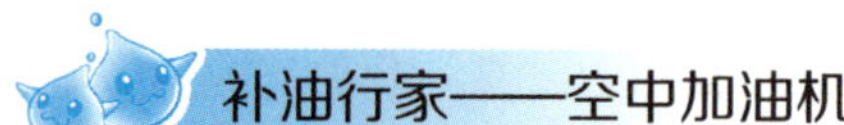

补油行家——空中加油机

空中加油机是航母用来为攻击机编队进行空中加油的飞机。

> 图293　美国S-3B固定翼反潜机

> 图294　飞机空中加油

空中加油的目的是为了增大攻击机的作战半径，同时也可以缩短飞机在甲板上停留的时间。但空中加油飞机体积庞大，上舰十分困难。为了解决加油机体积过大的问题，许多国家把一些本来就在航母上服役的作战飞机改装成加油机，从而较好地适应了海上作战环境。如美国海军就在S-3B反潜机基础上增加空中加油设备，从而兼作加油机。

此外，航母还会根据执行任务的特殊需要而配置一些其他类型的飞机，例如各种类型的无人机、勤务直升机、教练机等。

> 图295　中国舰载教练机

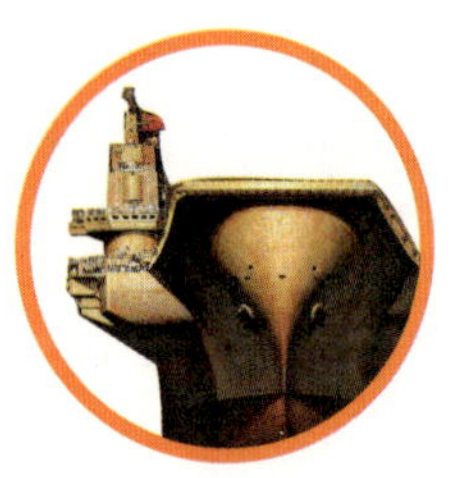

舰载机的组织机构

舰载机联队

众所周知，舰载机是航母的作战武器。但舰载机归航母“管”吗？这是一个令人深思的问题！实际上它并不归属于航母！舰载机有其自身的“老大”。这位统管舰载机的“老大”就是舰载机联队。而舰载机联队的上司是编队指挥。舰载机联队与航母本舰指挥是对等的“同事”关系。

舰载机联队是海军航空兵以航母为作战平台而组建的基本战术单位。它由多种不同类型的舰载机混合编成，通常根据不同的机种编为若干个飞行中队，用于执行不同的作战任务。

基本组成——舰载机联队编成

对于各国海军航母编队而言，由于使命任务及航母类型均不尽相同，舰载机联

> 图296 航母与其舰载机联队

表3 美国海军当前舰载机联队典型编成

机 型	数量	主 要 任 务	合计数量
E-2C预警机	4	预警指挥、通信中继、作战空间管理、数据综合/融合与分发	72
EA-6B电子战飞机	4	信息网络入侵/攻击、压制/摧毁	
F/A-18E/F多用途战斗机	36	空战、压制/摧毁、对海（地）攻击、侦察、空中加油	
F/A-18C/D多用途战斗机	12	空战、压制/摧毁、对海（地）攻击、侦察	
SH-60F、MH-60R反潜直升机	12	反潜、对海（地）攻击、搜救（SH-60F还具有运输能力）	
HH-60H、MH-60S救援直升机	2	搜救、特种作战、对海（地）攻击（MH-60S还具有反水雷能力）	
C-2A运输机	2	运输	

注：其中部分SH-60F、MH-60R反潜直升机可由航母战斗群中的其他舰船搭载。

队可谓是各有特色、自成体系。但最能体现航母实力的莫过于美国海军航母编队的舰载机联队。

美国海军的舰载机联队通常编有8～10个飞行中队，2 000余名官兵，其中司令部人员约50人，其余人员则编入各飞行中队。舰载机联队的指挥官为上校联队长，飞行中队设正副中队长各一名。各飞行中队按不同的任务划分，具有独立的指挥系统，下设作战和维修、人事、保养等三个部门。除空勤人员外，飞行中队还编有飞行控制人员和日常维修保养人员。

美国海军航母的标准配置是每艘航母搭载一个舰载机联队，其编队因作战任务、敌情及航母类型而各有不同。目前，美国海军共有现役舰载机联队11个，它们分别与11艘可供部署的航母相搭配。

舰载机到底听谁指挥呢？

舰载机联队是航母编队的核心作战力量，但并非一直由航母编队“领导”。当舰载机联队随航母出海执行任务时，它以航母为海上活动平台，接受航母编队司令部的指挥；当航母返回母港时，它则由航母转到岸上的地面航空站（或海军航空兵基地）进行休整和训练，接受舰队航空兵司令部的行政领导。

表4 美国海军未来舰载机联队典型编成

机 型	数量	主 要 任 务	合计数量
E−2D预警机	5	预警指挥、通信中继、作战空间管理、数据综合/融合与分发、弹道导弹和巡航导弹防御、信息网络入侵/攻击	80
EA−18G电子战机	5	信息网络入侵/攻击、压制/摧毁	
F/A−18E/F、F−35C多用途战斗机	36 ～ 44	空战、对海（地）攻击、侦察	
UCAV无人战斗机	4 ～ 12	压制/摧毁、对海（地）攻击、空战	
MH−60R/S反潜/救援直升机	20	对海（地）攻击、搜救（MH−60R还具有反潜能力，MH−60S还具有反水雷能力）	
C−2A（或替代机型）运输机	2	运输	

注：1. 最初，F/A−18E/F和F−35C两型机将按1：1的比例编成。
2. 其中部分MH−60R/S反潜/救援直升机可由航母战斗群中的其他舰船搭载。
3. F/A−18E/F、F−35C和UCAV三型机共48架。

由上可以看出，美海军航母舰载机联队具有强大的编制规模，机种编配齐全，具有独立遂行多种作战任务的能力。

为了使大家对其他国家的航母舰载机联队有一个直观的了解，下表列出了俄罗斯海军航母的舰载机联队的标准编成。

表5 俄罗斯航母舰载机联队标准编成

机 型	数量	主 要 任 务	合计数量
卡−31预警直升机	5	预警	72 ～ 88
苏−33防空战斗机	4 ～ 12	空战、空中加油	
苏−33UB多用途战斗机	36 ～ 44	空战、对海（地）攻击、侦察、空中加油	
苏−25UTG教练机	5	训练	
卡−27PL反潜直升机	20	反潜	
卡−27PS运输/搜救直升机	2	运输、搜救	

主要特征——任务与特点

当今航母舰载机联队一般承担两个方面的任务：一是防御性任务，即遂行航母编队的防空、防水面、防潜和防水雷等任务；二是进攻性任务，即对岸上目标和水面或水下目标实施空中突击或攻击。

作为航母编队的核心作战力量，舰载机联队履行任务时主要呈现出以下几方面的作战使用特点：

一是高速机动能力强，作战范围广。依托舰载机联队，编队指挥官可迅速捕捉敌情，集中兵力对敌实施突然袭击；可开展全球机动部署，作战范围几乎可以瞬间触及世界的每一个角落。

二是突击火力猛烈。首先，舰载机可以携载多种武器，载弹能力比较强，可以一次出动多批多架，形成较高的火力密度，给对方以毁灭性打击；其次，舰载机联队作战活动空间广阔，可在短时间内集中较多兵力，以多批次、多方向、多层次给对方以猛烈的打击。尤其在信息化条件下，舰载机突击火力密度提高幅度更大。

> 图298 航母舰载机联队机种完备

> 图297 航母舰载机联队的机群

三是自成体系，海上独立作战能力强。由于舰载机联队机种完备，在遂行任务时，各机种各司其职，实现舰载机联队内部的自我保障，从而形成较强的海上独立作战能力。这些机种都在舰载机联队内部，组织协调相对比较方便。

四是作战手段多样，遂行任务广泛。舰载机联队具有完善的保障和指挥体系，编有多个机种，能够单独遂行对空、对海、对水下和对岸目标的作战任务，以及海上搜救、空中加油、空中运输等保障任务。而且舰载机联队还能协同航母编队内的其他兵力遂行多种作战任务。

五是对航母上的保障具有极大的依赖性。由于航母是舰载机联队的携载平台，舰载机起降、存放、保障、维修维护等一系列作业都应在航母平台上进行，因此舰载机联队离不开航母。航母甲板上任何一型起降设备遭到攻击受损，任何一种航空资源或维修维护作业跟不上保障，都会严重影响舰载机联队的作战能力。

六是作战行动受水文气象条件影响大。影响舰载机联队作业的水文气象条件包括能见度、极端恶劣天气等。例如在夜间低能见度下舰载机的降落非常困难，而在龙卷风、沙尘暴等恶劣天气条件下舰载

> 图299 航母舰载机联队机种多样

> 图300　舰载机联队应适应舰上环境

机一般难以执行安全飞行活动。同时风浪过大也会对舰载机作业产生巨大影响，一般6～7级海况条件下，大部分的舰载机将难以起降。

舰载机的作业流程

舰载机在航母上的作业

舰载机在出发执行作战任务前，必须在航母上提前完成一系列的作业。这些作业包括：飞行前的准备、起飞、着舰、调运、停放、保障以及检测维护等。每架舰载机都必须有条不紊地完成才行，那么它们到底是遵循怎样的一个流程呢？

舰载机作业的大致流程是：舰载机完成作战任务后返航，经航母上的着舰引导系统和着舰信号官（LSO）引导着舰，尾钩触舰、挂索阻拦，舰面工作人员和舰面

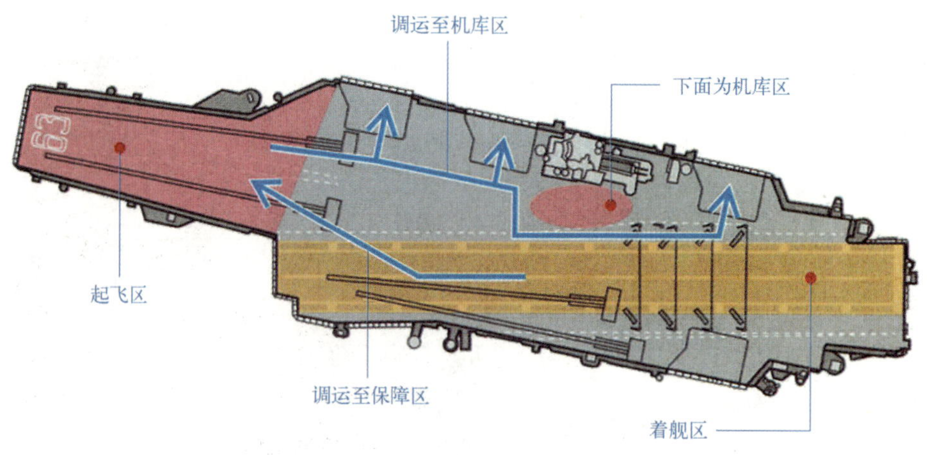

> 图301 舰载机着舰后的基本流程

设备指挥调运舰载机在飞行甲板保障区或机库就位。如果舰载机需要再次执行作战任务，则需要对舰载机进行加油、供电、充气、补充弹药和必要的维护等，这些作业完成后就可进行舰载机的起飞作业了。

从着舰到起飞的舰面作业循环周期是航母舰载机舰面作业效率的一大体现。在残酷的战争环境下，甚至会决定战争的成败，因此，舰载机舰面作业循环周期的每一环节都十分重要，要按照舰载机作业流程要求严格操作，不可有丝毫的马虎。

成套服务——舰载机起飞前的准备

舰载机在起飞前，航母飞行甲板上的保障站位需要为舰载机提供成套的保障服务。

加油——加注喷气燃料，补充滑油、液压油。

加气——补充氮气、氧气。有时舰上还需向飞机座舱、电子设备舱和值班飞行员的飞行服供给空调气体。

加电——向舰载机提供直流电源和中频电源。

挂弹——装载机载武器、弹药。

对中——舰机间导航系统的航向对准。

检测——进行机体和发动机、机载特种设备、雷达和无线电设备的检测。

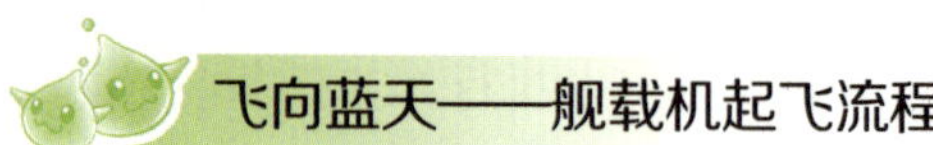

飞向蓝天——舰载机起飞流程

舰载机起飞流程一般是指舰载机（垂直起飞飞机除外）以某种方式滑跑达到起飞速度并离开航母的过程。大家都知道，

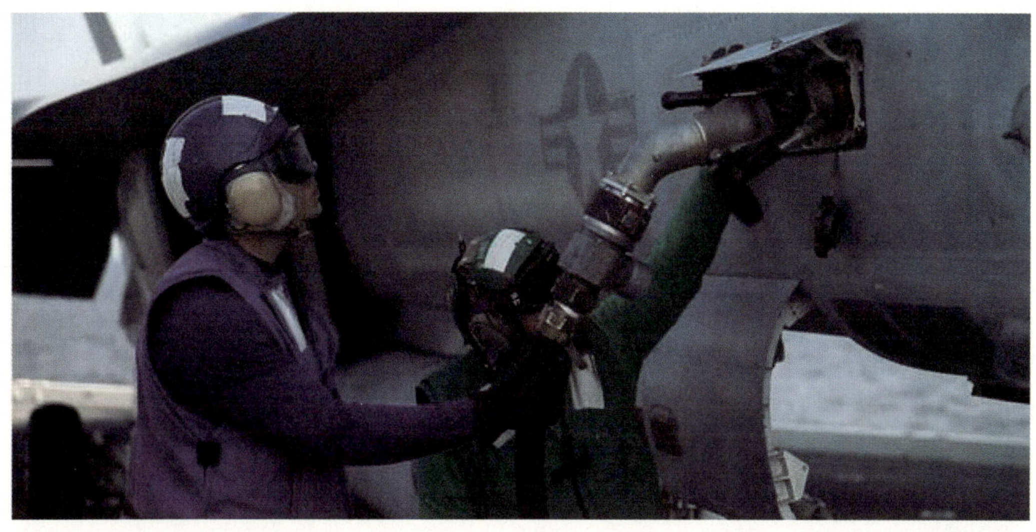

> 图302 航母舰载机加油

航母飞行甲板的长度有两三百米，而起飞区仅100米左右，无法满足多数飞机起飞时对滑跑距离的要求。因此，航母舰载机能够在有限的飞行甲板长度内成功起飞，是航母舰载机形成战斗力的重要前提。

舰载机的起飞方式

舰载机的起飞流程与其起飞方式有莫大的关联，不同的起飞方式都有其独特的起飞流程。一般来说，航母舰载机的起飞方式可分为自主起飞、滑跃起飞和弹射起飞三种。

自主起飞——自主起飞方式与陆基飞机的起飞极为相似，舰载机自行滑行到飞行甲板的起飞位就位刹车，然后飞行员把油门加大到一定程度并松开刹车，舰载机依靠自身的动力沿飞行甲板跑道加速起飞。

滑跃起飞——滑跃起飞是最接近自主起飞的一种起飞方式，其原理是利用航母飞行甲板艏部的上翘跑道，舰载机依靠自身的发动机动力加速，滑跑而离开飞行甲板。通过上翘跑道，舰载机可获得正的轨迹角、俯仰角速度和一定的初始高度，从而得以继续爬升。

> 图303 舰载机在航母上起飞

> 图304 舰载机在航母上滑跃起飞

弹射起飞——弹射起飞是现代大中型航母最常用的一种起飞方式。在弹射装置的牵引下，舰载机加速达到起飞速度，从而离开飞行甲板。

在三种起飞方式中，自主起飞无疑是最早出现的一种起飞方式，20世纪20年代主要用于速度小、重量轻及滑跑距离短的螺旋桨式舰载机，它们可以自行从航母局部甲板或全通甲板起飞。

二战后，随着喷气式飞机应用的推广，飞机的飞行速度加大、自身重量增大、滑跑距离增长，运用自主起飞已不可能确保这类舰载机的安全起飞，于是设计师开始在航母上推行辅助飞机起飞的专门机构。因此，利用外力的弹射起飞和凭借离舰俯仰角的滑跃起飞两种起飞方式应运而生。

1951年，英国海军在一艘航母上第一次正式装备了蒸汽弹射器，从此弹射起飞

> 图305 舰载机在航母上弹射起飞

> 图306 弹射杆将飞机前起落架与弹射器相连

技术发展了起来。20世纪70年代中期，仍然是英国人，又发明了滑跃起飞技术。

舰载机的弹射起飞流程

为了加深对舰载机起飞流程的理解，以下以蒸汽弹射起飞为例进行重点阐述。

待弹射——起飞待命的飞机，按弹射起飞要求设置平尾和副翼偏度，进行起飞前检查，并将飞机起飞时的重量报告给有关人员，以便决定蒸汽消耗量和控制方法。

飞机自主滑行或由牵引车拖到弹射器起点，甲板人员用弹射杆或拖梭将飞机前起落架与弹射器上的往复车相连，并使舰载机稍低头。同时用一根牵制杆把飞机前起落架与弹射器的张紧缓冲装置连接，飞行甲板竖起喷气偏流板。舰上操作员则将蒸汽汽缸筒里的蒸汽提高到一个预定压力，此时由于飞机前起落架被牵制杆拖住，汽缸筒内的活塞不能自由前进，从而使汽缸筒憋足了压力、蠢蠢欲动。此时飞机在预拉力（约为飞机重力的1/10)作用下，处于蓄势待发的状态。

弹射开始——当一切就绪后，飞行员将飞机启动，开足马力准备起飞。甲板人员再次检查弹射器的工作情况，如果弹射器一切正常、飞行甲板上方的风速适宜、甲板上无障碍物，就发出弹射信号。

这时弹射器蒸汽压力继续上升，使气缸内活塞上的前冲力不断上升，致使牵制杆上的定力螺栓被拉断，飞机就在活塞带动下，沿着滑槽像离弦的箭一样发射了

> 图307 甲板人员用手势表示已做好弹射准备

> 图308 飞机即将起飞

出去，在短短的几十米行程中经过两三秒钟使飞机迅速加速。直到弹射器冲程的末端，舰载机达到离舰起飞速度，此时舰载机前起落架瞬间伸长以迅速增大迎角。舰载机脱离弹射器，在飞离飞行甲板前缘之前达到起飞迎角而飞离航母。

弹射结束——在飞机离开甲板后，飞机发动机的推力使飞机升高，弹射杆会自动收起，而另一种方式的拖梭自动从飞机弹射钩上脱落，掉在甲板前的回收网兜内。甲板人员捡回拖梭，操作人员操作复位系统，把往复车连同活塞一起拖回滑槽的起点位置，再开始准备好下一架飞机的弹射起飞。

回归航母——舰载机着舰流程

航母被称为世界上最危险的“机场”，而舰载机飞行员则从事着世界上最危险的工作。舰载机执行完任务后需要回归航母，而归航着舰是一件十分惊心动魄的工作。从空中的舰载机中看下去，航母就像是一只漂泊不定的火柴盒，不仅渺小，而且运动毫无规律，因此舰载机的每一次着舰都将面临生与死的考验，在夜间降落尤为险象环生。归航的舰载机要降落在航母上一般需经过四个必要的程序：盘旋、对中、下滑、阻拦或复飞。有时还会应急着舰。

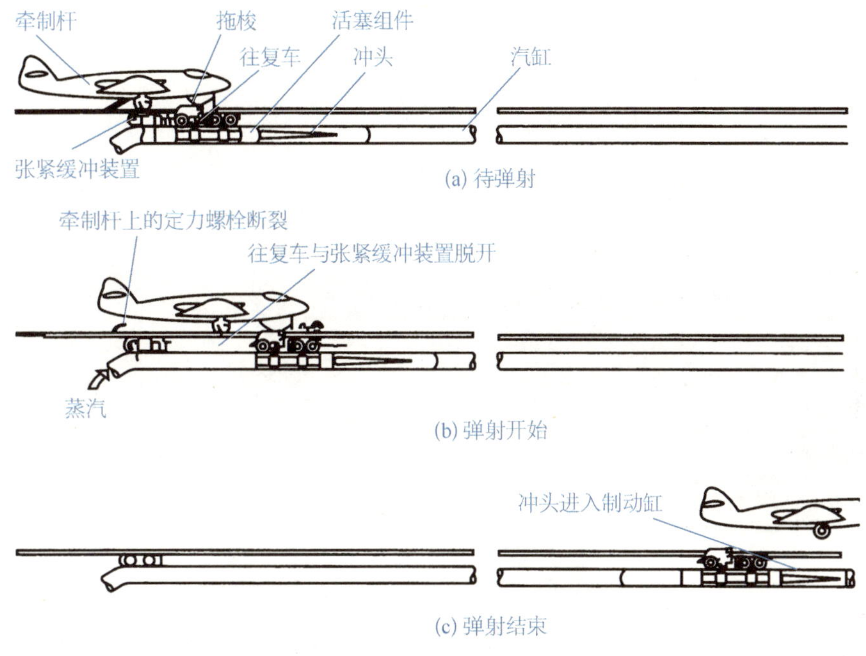

> 图309　弹射起飞流程示意图

盘旋

在舰载机着舰之前，飞行员须向航母相关人员通报飞机型号、重量等各项技术参数，以便舰上人员及时调整阻拦装置的工作参数，为舰载机安全着舰保驾护航。

当航母发出可以着舰的指令后，舰载机开始在航母上空盘旋，一方面降低高度与速度，另一方面做好机上准备，如关闭武器弹药发射开关、放下阻拦尾钩等。直到飞机高度降到约100米，速度约120节时，开始切入下滑航线。此时，航母上的着舰引导人员打开着舰引导系统，引导舰载机进入正确的下滑航线。

对中

对中是指在舰载机着舰过程中，飞行员根据航母上的一些“提示”如舰尾设置对中标尺，结合舰载机的实际飞行情况，将飞机始终对准航母着舰跑道中心线的环节。对中环节十分重要，没有对中的舰载机在降落后很可能会撞上飞行甲板上的建筑或设施，甚至是撞上着舰跑道以外的舰载机，所造成的后果不堪设想。事实上，对中也十分考验飞行员的能耐，在初始对

> 图310 飞机进入下滑航线

中成功后，飞行员在飞机下滑过程中还要根据着舰跑道实际的运动情况，不断修正飞机的航向，确保飞机能够始终对准跑道中线，这一连串动作一直要保持到舰载机安全着舰为止。

下滑

舰载机着舰时要严格保持下滑角度，如果采用菲涅尔光学透镜助降系统，飞行员要时刻注意该助降装置上显示的灯光信号，根据灯光颜色的含义进行飞行航迹与姿态的正确调整，例如飞行员如果看见红色禁降复飞灯闪烁，则应当立刻停止着舰

> 图311 正在下滑的舰载机

过程，并迅速把飞机拉起，此时可能是舰面人员发现飞机异常或舰上发生事故，无法着舰。

阻拦或复飞

着舰的最后阶段就是飞机尾钩钩住阻拦索。这时机身下已放下一个特制的尾钩，其位置比主起落架略低。当舰载机机轮着舰时，飞机在强大的冲力作用下高速向前滑跑，如果一切正常，随即尾钩会钩住几根阻拦索中的任意一根。这时被钩住的阻拦索产生很大的阻尼力，使飞机减速滑行一段不长的距离，三四秒钟后停了下来。

待舰载机停止后，舰面人员将阻拦索从尾钩上脱卸下来，然后舰载机被牵引车拖走。而阻拦索需完成复位准备、检查等工作，以迎接下一架舰载机的归航。

应急着舰

应急着舰是航母为空中故障舰载机提供的不得已而为之的方法。故障舰载机可能出现了尾钩脱落或起落架故障等紧急情况，因此无法进行正常着舰。此时，航母上的相关部门需要做出预判，是否该机必须在航母上强行着舰。

> 图312　舰载机阻拦着舰

如果是必须在航母着舰，那么航母上要立即展开一系列的准备工作，如把着舰甲板周围的舰载机“清空”、架起阻拦网支架、展开尼龙阻拦网等。而故障飞机也要在空中提前抛弃炸弹、导弹等搭载的武器和燃料，最大限度地减少应急着舰时发生火灾和爆炸的可能性，全部准备工作结束后与常规着舰一样，利用助降系统引导故障舰载机一步步地着舰。

当故障舰载机对中撞网前舰载机须关闭发动机，与阻拦索方式相比，阻拦网与应急着舰的阻拦距离和时间要稍长些。一旦舰载机冲进了阻拦网，一旁待命的消防车迅速靠近故障舰载机喷出防火剂，防止火灾的发生。同时，救护小组迅速救出机组人员，并送进舰内的医疗区。

> 图313　舰载机采用阻拦网紧急着舰

舰上行走——舰载机在舰上的调运

舰载机调运，简言之，就是飞机在航母甲板的“行走”。舰载机在出去执行任务前，总是需在航母上完成一系列的调运作业，例如从机库到飞机升降机、再到飞行甲板的保障站位或起飞站位等。

舰载机的调运方式主要有两种：一是借助牵引车，二是借助飞机自身发动机在低工况下的驱动力。

一般飞机完成飞行前准备后驶向起飞线或待飞区以及飞机安全着舰后驶离着舰跑道，可以依靠自身的动力。在其他情况特别是在机库里还是需要借助牵引车。

由于机库内空间比较狭窄，采用牵引车进行调运非常必要。甚至有时候还有其他辅助方式，例如俄罗斯“库兹涅佐夫”号航母在机库内沿纵向设置牵引轨道，沿

> 图314　由牵引车调运的舰载机

着机库纵向摆放的舰载机就可以利用牵引轨道予以调运，而且该舰还在接近机库大门部位设置了一个转向盘，利用这个转向盘，体积庞大的苏-33舰载机就可以非常方便地把机身由纵向变为横向，从而提高了舰载机的调运效率。

当然要想做到舰载机在甲板上的精确调运，不仅是需要引导员、牵引车，而且必须在甲板上画出引导线、停机标示及安全线等各类辅助线。

航母舰载机如果能够在飞行甲板上尽可能自主滑行，那就更好了！要做到这一点，必须在喷气式飞机喷流控制方面大做文章。试想，如果甲板设施与人员在采取一定防护措施后可以忍受喷流的吹拂和烘烤，只在有些部位须比较谨慎（如上层建筑左侧停机区，为了避免对上层建筑的伤害，该停机区的飞机还必须依靠牵引车移动），那么舰载机完全可以在飞行甲板上的大部分区域尽情自主滑行。现在美国航母停放在飞行甲板上的舰载机大多数可以依靠自身动力完成从停机点向弹射器的移动。

舰载机出任务次数

舰载机出动架次率

舰载机绝不是航母的“摆饰”，它必须具有飞出去执行各种飞行任务的能力，这种能力称为舰载机出动能力，一般用出动架次率来衡量。

舰载机出动架次率一般是指舰载机联队在特定作战周期内出动的舰载机架次。通俗来讲，就是飞机在给定时间内出去执行了多少趟任务。一个完整的出动架次指舰载机从航母飞行甲板上起飞开始，然后执行任务、着舰的整个过程。换而言之，只有当舰载机着舰后，才算一个架次的终结。

给定时间

给定时间指的是一段时间，一般情况下是指一个飞行日，可取12小时或24小时。但实际上，各国对于飞行日的取值各有不同，例如美国海军有取12小时的，也有取18小时的情况。

舰载机出动架次率是衡量航母及其舰载机联队作战能力的基本标准，是航母设计中的一个重要战术技术指标，是航母设计师首要且执着的目标。

影响舰载机出动架次率的因素很多，如航母的作战使用模式、航空保障及维修维护能力、人员配备与素质等。这些因素相互影响、相互制约又相互关联，所以航母要提高舰载机出动架次率必须综合提高这些能力，往往缺一不可。

> 图315 舰载机出动执行任务中

> 图316 航母与舰载机

第9章

航母未来发展趋势

航母已历经百年风雨，早已确立了“海上霸主”的地位。拥有航母的国家，可以在远离国土的海域、不依靠陆地机场情况下，以其舰载机联队，进行军事威慑，夺取制空权和制海权。21世纪初，随着海军装备技术的发展与应用所呈现出群体突破的态势，航母也正在经历技术上的重大跨越。现在让我们一起展望航母的发展，畅想航母的未来。

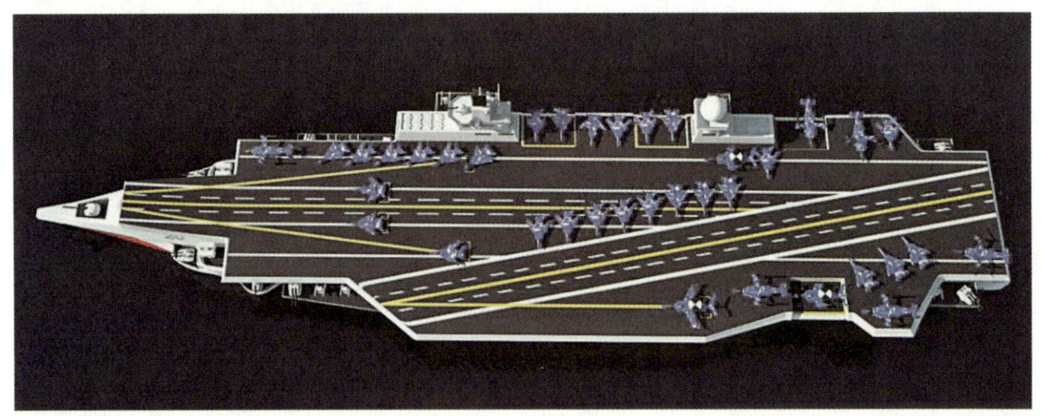

> 图317 未来航母构想图（一）

> 图318 未来航母构想图（二）

多头型并进发展

大型航母和中小型航母之间的竞争由来已久，但确实互有长短，各有利弊。大型航母搭载机种全、数量多，执行任务广，作战效能高；但中小型航母造价低，全寿命费用低，海上作业机动灵活，甚至多艘中小型航母的联合效能可能会强于一艘大型航母。

一个国家究竟是发展大型航母，还是发展中小型航母，这一直是各国首脑头疼的事。但归根结底，取决于多方因素的较量，例如国家的军事战略、财政实力与军费投入、国家决策者对航母的偏好和认知程度，以及驻泊航母的港口或基地等。总之，究竟发展哪种航母，要从各国的实际条件出发，不能一概而论之。

从未来的发展趋势看，对于中小国家，可能出于本国实际情况的考虑，会继续发展适合自己的中小型航母。但对于一些大国，可能更倾向于发展大中型航母。

总体而言，世界上搞航母的国家会越来越多，因此世界未来航母总数量会呈上升趋势，总吨位也会逐年增加，航母发展势头会越趋兴旺。

> 图319　未来大型航母构想图

飞机技术猛进

提升舰载机性能

舰载机是航母夺取制空权的关键，它的性能是航母作战能力和水平的体现。近年来，高新技术的迅猛发展促使舰载机的性能更是突飞猛进。新一代舰载机将具有超音速巡航、机动性更好、载弹量更大、用途更多等综合特点，这些舰载机必将进一步提升航母的作战能力，增强与拓宽航母在海上的制空权、制海权。

大力发展舰载无人机

目前，世界上许多国家正在致力研制可为航母搭载的舰载无人机。舰载无人机具有成本低、体积小、作战使用灵活、费效比高、可避免人员伤亡等优点，因而备受世界各国海军的青睐。另外，舰载无人机可观的留空时间和宽广的作战覆盖范围，还可大幅提高航母的态势感知能力和攻防能力。舰载无人机将改变航母长久以来由载人飞机一统天下的局面，将是航母发展史上的一项重大变革。

隐身性能更优

近年来，航母的隐身性能一直为大众所诟病，而未来的航母正致力于改变这种状况。通过采用最新的隐身技术，包括集成化上层建筑、简化舱面设施与飞行甲板总体布局，以及在一些关键部位敷设和使用隐身涂料和材料等，将可大幅度减小雷达反射截面积，提升雷达波隐身性。另外，通过对航母水下部位进行优化设计，进一步降低阻力、减小噪声，提高声隐身性。有军迷曾提出“潜水式航母”的畅想，不管未来是否会变成现实，至少从今天看来却充分体现出人们对于隐身航母的渴望!

电气化水平高

目前大多航母采用机械推进，应用蒸汽弹射器、液压阻拦装置，舰上许多生活设施如烹饪、沐浴等均使用蒸汽，具有明显的机械化特点；而未来航母将大量甚至全部采用

> 图320　舰载无人机

> 图321　未来潜水式航母构想图（一）

> 图322　未来潜水式航母构想图（二）

> 图323 未来航母构想图（三）

电力，使用电磁弹射、电磁阻拦等电气化系统取代蒸汽弹射、液压阻拦等机械化装置，甚至采用电气类的新型高能武器如电磁炮等。航母将进一步向电气化方向发展，能量的灵活运用能力将实现新的飞跃。

智能化程度高

目前，智能化航母已成为航母发展的目标，为各国所青睐。

新一代航母的智能化，一方面将通过计算机、信息和网络技术，不仅提高航母对自身各种状态的智能监视和控制，而且作为未来网络中心战的一个关键节点，利用航母上的电子设备和舰载机，可大幅提高编队的指挥控制、信息融合、信息攻防以及态势共享等能力，从而进一步增强整个编队的战斗力。

另一方面，将更注重自动化，用自动化的系统取代原有的机械系统，如采用先进的全方位自动搬运车、弹药装填机器人、自动化物流系统等，从而大幅度提高自动化程度，智能化程度也将得到提升。

防御能力超强

未来航母面临的威胁环境将更为严峻，航母的高价值性将更显突出，因此，除了进一步加强编队协防能力之外，未来航母还将进一步提升自防御能力，如安装更为先进的导弹系统，提高点防御导弹的

> 图324　航母劈波斩浪驶向新的征程

> 图325　未来航母构想图

射程和对高速、高机动性来袭导弹的拦截能力；采用新的被动防护系统，提高装甲防护能力；采用新的水下防护系统，提高拦截鱼雷的能力等。

模块化程度高

模块化可能也将是未来航母的发展趋势。在设计上的模块化，即是通过采用模块化概念，航母可以设计为若干个具有独立功能的模块，不同模块可以根据使命任务需要进行任意组合形成所需要的功能性航母。体现在建造上，船厂也可以采用模块化技术建造，同时建造整舰的不同部位模块，然后像堆积木一样在船台上完成组装。这样不仅大大缩短了建造周期，还可以在航母服役若干年之后进行成组的改换装。

展望未来，航母将不断地实现自我超越，昂首挺胸，威严而又庄重地向世界宣布它的主权与实力。

参考文献

1. 陈书海，张正满.航空母舰——海军史上的里程碑.北京：国防工业出版社，2007.
2. 房兵.大国航母（第一部）.北京：中国长安出版社，2011.
3. 房兵.大国航母（第二部）.北京：中国长安出版社，2012.
4. 严必虎.航空母舰战斗群百问.北京：海潮出版社，2012.
5. 刘宇.航空母舰构成百问.北京：海潮出版社，2012.
6. 胡威标.航空母舰舰载机百问.北京：海潮出版社，2011.
7. 王义山，俞东海，田小川.世界航空母舰图鉴.北京：解放军出版社，1997.
8. 海人社.世界航空母舰全史图鉴.青岛：青岛出版社，2009.
9. 现代舰船杂志社.世界航空母舰实录.北京：航空工业出版社，2009.
10. 凌翔.王牌兵器图典·航空母舰.昆明：晨光出版社，2000.
11. 何京柱.美国尼米兹级航空母舰.北京：人民交通出版社，1993.
12. 西风.美国航空母舰战斗群.北京：中国市场出版社，2011.
13. 陈文中，陈润之.中国航母.北京：中国发展出版社，2012.
14. 谭晓寅，徐忠平，郑文祥.现代战争武器揭秘——航母.上海：百家出版社，2004.
15. 朱英富，熊治国，胡玉龙.航空母舰发展的思考.中国舰船研究，2016，11（1）：1–7.
16. 杜宏奇.海上巨无霸——航空母舰.北京：军事科学出版社，2000.
17. 林尧清，田治喜.浮动的钢铁巨人——航空母舰.哈尔滨：哈尔滨工程大学出版社，1995.
18. 相天.近距离透视航空母舰.北京：金城出版社，2011.
19. 田战省.航空母舰和潜艇.长春：北方妇女儿童出版社，2010.
20. 赵远征.航母关键系统对架次率的影响研究.舰船科学技术，2016，38（7）：145–149.
21. 孙诗南.现代航空母舰.上海：上海科学普及出版社，2000.
22. 张斌.航空母舰：世界王牌航空母舰暨海战实录.哈尔滨：哈尔滨出版社，2009.
23. 唐志拔.航空母舰.北京：解放军出版社，2000.

24. 陈廷超，吴显沪.航空母舰.上海：上海科学普及出版社，2000.
25. 陈坚.经典武器TOP-10航空母舰.北京：解放军出版社，2004.
26. 曲立树.航空母舰及其克星.北京：兵器工业出版社，2003.
27. 何京柱.现役航空母舰全景透视.北京：兵器工业出版社，1998.
28. 王义山.航空母舰的故事.北京：科学普及出版社，1987.
29. 凌翔，李杰.当代航空母舰大观.北京：世界知识出版社，1993.
30. 田聿.从“大辽”走来——外媒眼里的中国国产航母之路.坦克装甲车辆，2017（4）：22-27.
31. 新华社.辽宁舰航母全揭秘.发明与创新(综合科技)，2012（11）：48-49.
32. 李唐.航母甲板上的七彩青春——图说“辽宁”舰航空保障官兵的那些事.现代军事，2016（2）：24-27.
33. 歼-15舰载机在辽宁舰航母上起降飞行训练成功.中国产业，2012（12）.
34. 宗和.辽宁号战斗能力属于“航母俱乐部”中间梯队.创新科技，2012（10）：9-10.
35. 李选清，柳刚.刻在大海上的永恒航迹——目击国产歼-15舰载机首次起降航空母舰“辽宁舰”.军事记者，2012（12）：24-25.
36. 潘文林.中国航母舰载机配置与选型探讨.舰载武器，2009（6）：32-41.
37. 何文涛，吴加武.航母编队特点及对策研究.现代防御技术，2004，32（5）：18-20.
38. 黄士飞，钟兴泉.全自动着舰引导系统展望.现代导航，2014（1）：70-74.
39.《现代舰船》杂志社.我们的航母——“辽宁”号航母全解析.现代舰船，2013（增刊）.
40. 李明.国外航母作战系统发展研究.舰船电子工程，2013，33（5）：6-9.
41. 石剑琛.美国海军航母作战系统发展及展望.舰船科学技术，2012，34（4）：132-135.
42. 中国首艘国产航母在大连正式下水.今日科技，2017（4）：24.
43. 立文.中国已经掌握航母关键技术.中国经贸导刊，2015（12）：74-76.
44. 中国第一艘航空母舰——辽宁舰.中国中小企业，2012（11）：42-45.
45. 贺鸣.中国“辽宁”号航母的前生今世.中国军转民，2012（10）：32-33.
46. 马世强.漫谈舰载机在航母上的移动.军事文摘，2017（9）：47-50.
47. 郭文绮.“辽宁”号航母诞生记.国企，2012（11）：112-115.
48. 刘祥源，孙静波，宋汉江等.美国航母全寿命费用初步分析//中国设备管理协会设备寿命周期费用委员会第九次学术会议.2010.
49. Jane’s Fighting Ships, 2016-2017.
50. 刘怡.二战航母全览.武汉：武汉大学出版社，2009.
51. 田小川.航空母舰的衣食住行.海潮出版社，2012.

后记

新中国成立以来，我国舰船与海洋工程装备从小到大，由弱变强，实现了跨越式发展，为捍卫我国海疆和保障国民经济的发展作出了巨大贡献。为了使广大青少年和公众读者了解到我国舰船研制的艰难历程和取得的成就，中国船舶及海洋工程设计研究院、上海市船舶与海洋工程学会、上海交通大学及上海科学技术出版社密切携手，编纂出版“国之重器——舰船科普丛书”，向中华人民共和国建国70周年献礼。

此套丛书编写得到曾恒一院士、潘镜芙院士以及80多位新老科学家的响应和支持，为其顺利出版奠定了基础。丛书编纂中，注重原创，努力将科学性、权威性、严谨性贯穿始终，把技术性、知识性、趣味性融于一体，把舰与船的专业知识从学术殿堂驶达青少年和公众读者的心田。

上海市船舶与海洋工程学会理事长邢文华、中国船舶及海洋工程设计研究院党委书记卢霖、江南造船（集团）有限责任公司董事长林鸥、沪东中华造船（集团）有限公司纪委书记胡敬东等领导对这套丛书的编撰出版予以多方支持和鼓励，并明确指示：该丛书的编撰是一项系统工程，要求高、时间紧、工作量大，要发挥科技人员的参与意识和普及“国之重器”科学知识的积极性，努力把丛书编好，使它成为一部向广大青少年和公众读者科学普及舰船知识，弘扬海洋文化，开展国防教育的好丛书。

100多位从事舰船及海洋工程科研、设计、建造的专家和老、中、青三代科技工作者参与了丛书的编写。撰写者大多是肩负科研任务的一线科研工作者，只能利用业余时间进行编写；他们不是专业的科普作者，但要完成从建造者到教育者、从设计员到讲解员的角色转换；学术著作可以精尖高深，科普文章却要浅显易懂，要像对学生上课一样，心口相传，绘声绘色，这对他们而言绝非易事。但面对困难，他们不曾退缩。在大家的心中，参与丛书编撰不仅是对投身舰船科研、设计、建造实践的重塑，更是为了中国造船事业后继有人、薪火相传。从领受编撰任务的那一天起，他们酝酿推敲、遴选谋篇、不辞辛劳、不舍昼夜，把对科学的爱、对祖国的情凝练成书香墨宝。

历经2年，这部丛书终于与读者见面了。丛书的编撰得到众多单位支持，并成立丛书专家委员会，严格遵循资料汇

总、提纲拟制、内容撰写、审查把关、全稿统筹的编纂规律，先后多次召开书稿初审会、复审会和终审会，确保内容准确、权威。

因此，“国之重器——舰船科普丛书”具有以下特点：

一是广泛性。丛书涵盖了当今世界主要舰（船）种，内容包括舰船的诞生、发展历程、关键系统设备和发展前景等，是目前已出版舰船科普丛书中较齐全、较系统的一套科普丛书。

二是原创性。目前市场上有关舰船方面的科普图书屡见不鲜，但引进的多，原创的少，而这套丛书立足于国内舰船研制历程，经过精心策划，历经2年的努力原创而成。

三是权威性。丛书由中国船舶及海洋工程设计研究院、上海市船舶与海洋工程学会和上海交通大学主编，联合江南造船（集团）有限责任公司、沪东中华造船（集团）有限公司、上海外高桥造船有限公司、中国海洋石油集团有限公司等单位，还成立了由曾恒一院士、潘镜芙院士领衔的专家委员会对丛书内容进行专业技术上的把关，保证了此书的科学性和权威性。

四是充满情怀。习近平总书记指出：科技创新、科学普及是实现国家创新发展的两翼，要把科学普及放在与科技创新同等重要的位置。丛书正是基于这一精神向全民，特别是青少年介绍舰船科技知识，弘扬科学精神，传播科学思想和科学方法，激发爱国热情，使全民关心、热爱、支持国防建设和舰船事业的发展，为实现强军梦、强国梦尽一份心力。

五是集体创作。老、中、青100多位科技工作者参加丛书编撰，每分册从提纲到初稿、定稿，均经众人讨论、修改，所以说丛书是集体创作的成果。

丛书编写过程中参考了一些书籍和报刊，引用了一些观点和图片，在此表示诚挚的谢意。

在丛书出版发行之际，向各位专家、全体编撰人员，以及关心、支持丛书编撰出版的有关单位和个人表示崇高的敬意。

对于书中不妥之处，希望广大读者予以指正。

张　毅

2018年8月

国之重器——舰船科普丛书

出版工作委员会

■ 主 任

温泽远

■ 副主任

魏晓峰

■ 执行主任

侯培东

■ 策划编辑

楼玲玲 陈 立 潘慧中 陈晏平

■ 编辑人员（以姓氏笔画为序）

王 辉 朱永刚 杨 燕 李 艳 李宏瑞 沈晓平 张 帆 张钰琼 陈 立 陈 晨 陈晏平 姚晨辉 高军晓 高爱华 黄丽芬 楼玲玲 潘慧中

■ 美术编辑

赵 军 潘慧中

■ 技术编辑

张志建 吕 伟 陈美生 王晓颖 王永容

■ 责任校对

朱 虹 陈敏芳 卢文斌 李瑶君 翟 红

■ 发行推广

罗小林 李 旻 杨 淦 朱旖旎 李宏瑞 陈 立 潘慧中 陈美生

■ 特约顾问

田小川 李维靖

本书内容由中国船舶及海洋工程设计研究院审定。本书所使用的图片由中国船舶及海洋工程设计研究院、上海市船舶与海洋工程学会、上海交通大学、江南造船（集团）有限责任公司、沪东中华造船（集团）有限公司、上海外高桥造船有限公司、中国海洋石油集团有限公司、中船重工第七一四研究所、少年儿童出版社等提供。

特别说明：本书中可能存在未能联系到版权所有者的图片，请见书后与上海科学技术出版社联系。